Bauwelt Fundamente 6

Herausgegeben von Ulrich Conrads
unter Mitarbeit von
Gerd Albers, Adolf Arndt,
Lucius Burckhardt, Werner Hebebrand,
Werner Kallmorgen, Hermann Mattern,
Julius Posener, Hans Scharoun,
Hansjörg Schneider

L. Hilberseimer

Entfaltung
einer
Planungsidee

Ullstein Berlin Frankfurt/M Wien

Die an den Rand gestellten Zahlen weisen auf die Abbildungen hin

VERLAG ULLSTEIN GMBH · BERLIN · FRANKFURT/M · WIEN
Umschlagentwurf von Helmut Lortz
© 1963 by Verlag Ullstein GmbH, Frankfurt/M — Berlin
Alle Rechte, auch das der photomechanischen Wiedergabe, vorbehalten
Printed in Germany, Berlin West 1963 · Gesamtherstellung Druckhaus Tempelhof

Vorwort

Als ich anfing, die Probleme der heutigen Stadt zu untersuchen, machte ich auch die ersten städtebaulichen Studien. Diese befaßten sich jedoch größtenteils mit den technischen Faktoren der Stadt. Das führte zu einer mechanistischen städtebaulichen Konzeption, die die Anforderungen und Bedürfnisse des Menschen ignorierte. Ich mußte entdecken, daß der Mensch wichtiger ist als die Technik; daß es der Zweck der Technik ist, dem Menschen zu dienen, und nicht, ihn sich unterzuordnen.
Meine Ideen über die Stadt veränderten sich. Ich ging nun vom Menschen aus, von seiner Umgebung und von der Beziehung, die zwischen Mensch und Umgebung besteht. Wie sollte diese sein? Was für Möglichkeiten bestehen? Wie können wir sie mit den technischen Mitteln, die wir zur Verfügung haben, verwirklichen?
Der folgende Essay zeigt, wie sich meine Planungsideen veränderten und wie ich schließlich imstande war, bestimmte Planungsprinzipien zu entwickeln und Planungselemente aufzustellen.
Städtebau erfordert nicht nur Imagination, sondern auch eine wissenschaftliche Grundlage. Ich glaube, ich war einer der ersten, der das für die physische Planung erkannte und danach handelte. Ich versuchte, sie von allem Historisch-Romantischen und von allem Subjektiven zu befreien und sie, gemäß ihrer Natur, objektiv und unmittelbar zu entwickeln.
Planung bedeutet Zusammenarbeit mit anderen. Ich möchte an dieser Stelle meinen Kollegen Earl Bluestein, Jacques Brownson, Alfred Caldwell, Reginald Malcolmson und den Studierenden des Bauhauses in Dessau und des Illinois Institute of Technology in Chicago für ihre Beihilfe danken.

Im Mai 1963 *L. H.*

Inhalt

I	Planungsziele	7
II	Planungselemente und -prinzipien	12
III	Probleme der Großstadt: das Wohngebiet	13
IV	Probleme der Großstadt: das Geschäftsgebiet	16
V	Vertikale Lösung: die Hochhausstadt	21
VI	Das dezentralisierte Wohngebiet	24
VII	Orientierung und Wohndichte	26
VIII	Horizontale Lösung: die Siedlungseinheit	38
IX	Die Lage der luftverunreinigenden Industrie zur Siedlungseinheit	43
X	Stadtaggregate	43
XI	Modifikation der Planungselemente zur Neuordnung der Städte	44
XII	Die Neuplanung von Dessau	48
XIII	Die Neuplanung von Chicago	53
XIV	Topographisch-geographische Planungsstudien	59
XV	Dezentralisierung der Städte nach ihrer speziellen Topographie	65
XVI	Möglichkeiten für den Umbau der Städte	67
XVII	Der Umbau von außen her: Montreal	68
XVIII	Der Umbau von innen heraus: Marquette Park	70
XIX	Umbau einer Großstadt: Chicago	74
XX	Lösung des Verkehrsproblems: Seattle	91
XXI	Lösung des Verkehrsproblems: Chicago	94
XXII	Regionalplanung: Integration von Stadt und Land	97
XXIII	Die Region Chicago	102
XXIV	Regionalplanung von Maui	114
XXV	Die dritte Dimension der Planung	119
XXVI	Die Planungstheorie, Prinzipien und Methoden	135

I

Planung hat die Aufgabe, eine harmonische Beziehung zwischen Mensch, Natur und Technik herzustellen. Die Technik ist das Mittel, eine rationelle menschliche Umwelt zu verwirklichen.
Planung hat zwei unterschiedliche Probleme zu lösen: das, *was* zu planen ist, also die Ziele des Planens festzulegen; und *wie* zu planen ist, also die physische Verwirklichung dieser Planungsziele.
Was aber sind die Ziele des Planens? Auf den ersten Blick scheinen sie selbstverständlich. In Wirklichkeit gehören sie jedoch zu den schwierigsten und kompliziertesten Aufgaben, mit denen der Mensch sich zu befassen hat. Sie beeinflussen das Leben in allen seinen Formen, das des Individuums wie auch das der Gemeinschaft. Planung hat ökonomische wie auch ethische Folgen, soziale wie politische. Sie ist in der Tat das Problem des Staatsmannes. Unglücklicherweise haben wir heute keine allgemein akzeptierten Planungsziele. Wir haben nicht mehr, was allen Völkern der Vergangenheit bis zur industriellen Revolution selbstverständlich war: eine klare Vorstellung, für was es zu planen gilt.
Um die Wichtigkeit der Planungsziele sinnfällig zu machen, nehmen wir zwei Städte, die beide im 17. Jahrhundert gegründet wurden. In ihrer Form sind sie so grundverschieden voneinander, wie es die Planungsziele waren, die mit ihnen verwirklicht wurden. Die eine dieser Städte ist Versailles, die andere Philadelphia.

1 Versailles wurde von Ludwig XIV., König von Frankreich, als seine Residenz und als Regierungszentrum gegründet. Viele glauben, daß Versailles nur ein Ort des Vergnügens und der Hoffeste war. In Wirklichkeit hatte es aber eine große politische Funktion auszuüben. Was Richelieu angefangen hatte, brachte Ludwig XIV. zum Abschluß: die Aufhebung der Unabhängigkeit

der mächtigen und einflußreichen Aristokraten. Unter Ludwig XIV. wurden sie mit der Zeit zu unterwürfigen Vasallen und Hofleuten. Dies ermöglichte die Einheit Frankreichs unter der Regierung des Königs. Der Plan von Versailles bringt diese Stellung des Königs klar zum Ausdruck. Er war die Spitze des Staates, und sein Palast war die Spitze der Stadt, die sich dem Palast unterordnete. Die drei Straßen, die vom Palast ausstrahlen und die Stadt erschließen, akzentuieren die Position des Palastes und damit die des Königs.

Philadelphia ist in jeder Hinsicht verschieden von Versailles. Es wurde von William Penn gegründet als eine Stadt für freie Bürger, als ein Markt für das reiche landwirtschaftliche Hinterland und als ein Seehafen für den Tausch von Rohmaterial gegen fertige Güter von England. In Philadelphia finden wir weder den Ausdruck der Beherrschung noch den der Unterordnung. Sein Ausdruck ist der der bürgerlichen Gleichheit.

Unsere Zeit hat keine solch verbindlichen Planungsziele, trotzdem aber bedeutende Probleme, darunter zum Beispiel die Dezentralisierung der Städte, nach der die Integrierung von Industrie und Landwirtschaft innerhalb regionaler Grenzen dringlich verlangt. Wir aber tun nichts. Wir glauben, wenn alles dem Zufall überlassen bleibe, werde es sich irgendwie von selbst ordnen. Wir haben keine bestimmten Ziele und geben uns damit zufrieden. Wir bauen, bebauen ganze Blocks in Wohn-, Geschäfts- und Industriegebieten, wir bauen Straßen und Autobahnen, ohne den Einfluß zu berücksichtigen, den diese Dinge aufeinander haben. Aber ist es nicht der sicherste Weg zum Chaos, alles sich selbst zu überlassen? Unsere Städte sind ein Erbe, das uns überfordert. Nur sehr schwer sind ihre Mißstände zu beseitigen, und ihr schädigender Einfluß auf die körperliche und geistige Gesundheit ihrer Bewohner kann nur sehr allmählich behoben werden.

Wir haben nicht nur keine Planungsziele, wir haben auch keine Planungsprinzipien, welche uns in unserer Planungsarbeit leiten könnten. Man war bislang der Meinung, daß die Bestandsaufnahme einer Stadt bereits die Richtlinien für eine Planung gäbe. Jede Bestandsaufnahme ist jedoch nur ein Mittel, uns mit den bestehenden Verhältnissen vertraut zu machen. Sie zeigt, was ist, und kann, mit dem nötigen Verständnis interpretiert, die Gründe für den bestehenden Zustand aufdecken, aber niemals sagen, wie es sein könnte oder sein sollte.

Da wir keine allgemein akzeptierten Planungsprinzipien haben, wäre es vielleicht möglich, eine Richtschnur für sie zu finden, wenn wir die verschiedenen Teile, aus denen sich eine Stadt zusammensetzt, im einzelnen untersuchen.

Alle Städte, so verschieden sie auch sein mögen und welche Funktionen sie auch zu erfüllen haben, bestehen aus drei Gebieten: Dem Gebiet für Arbeit, Industrie, Handel und Verwaltung, dem Gebiet des Wohnens und dem der Erholung. Jedes dieser Gebiete hat seine charakteristischen Eigenschaften und sollte demgemäß durchgebildet werden. Wir haben jedes dieser Gebiete

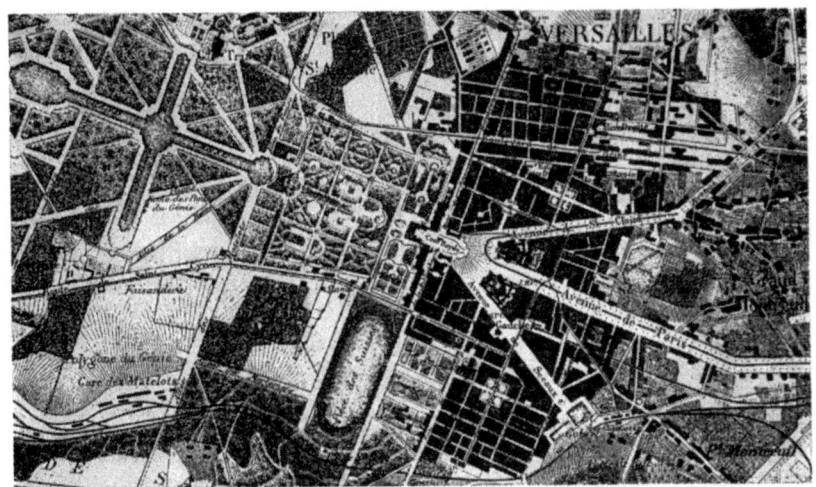

1. Versailles

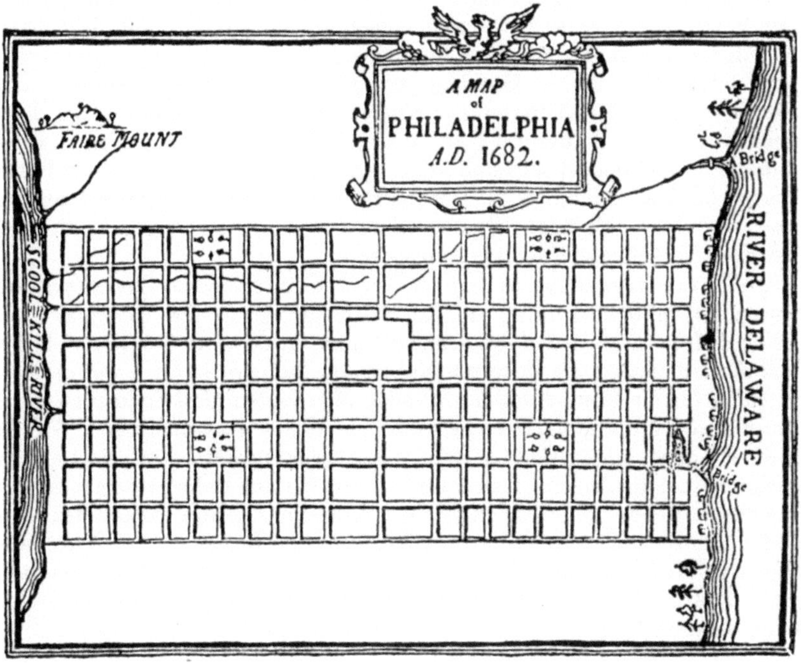

2. Philadelphia

sorgfältig zu studieren, um herauszufinden, wie sie geplant werden sollten, damit sie ihre besonderen Aufgaben ganz erfüllen können. Wenn wir ein Straßensystem entwickeln, das den Anforderungen des Fußgängers wie auch denen der Kraftfahrzeuge entspricht, können wir diese verschiedenen Gebiete wirksam miteinander verbinden, doch so, daß keines auf das andere einen nachteiligen Einfluß hat. Wie soll das Wohngebiet, das den größten Teil des Stadtraums beansprucht, beschaffen sein? Was soll die Bevölkerungsdichte bestimmen? Welchen Einfluß hat sie auf die Wahl der verschiedenen Wohnformen? Sollten diese nicht so gemischt werden, daß sie der Bevölkerungszusammensetzung entsprechen? Welchen Einfluß hat die Dichte auf den Grundriß der Gebäude? Welche Orientierung ist zu bevorzugen? Würde es nicht wünschenswert sein, das Wohngebiet vom Durchgangsverkehr freizuhalten? Würde es nicht zweckmäßig sein, das Erholungsgebiet direkt mit dem Wohngebiet zu verbinden? Könnten nicht in dem Erholungsgebiet Schulen und andere Gemeindebauten untergebracht werden? Sollten diese nicht gefahrlos zu erreichen sein? Sollten nicht Kinder ihre Schulen erreichen können, ohne eine Straße überkreuzen zu müssen?
Die spezielle Funktion einer Stadt sollte der bestimmende Faktor für die Arbeitsgebiete: Industrie, Handel und Verwaltung sein. Für diese Gebiete lassen sich jedoch keine bestimmten Regeln aufstellen, da sie durch die verschiedenen Aufgaben, die eine Stadt zu erfüllen hat, immer verschieden sein werden. Durch das Hochhaus wurde das traditionelle Straßen- und Blocksystem des Geschäftsviertels unbrauchbar. Die Gebäude sind zu dicht nebeneinander. Jedes nimmt dem andern Luft und Licht weg. Jedes Hochhaus sollte freistehend sein und auch genügend Raum für parkende Fahrzeuge vorsehen. Die Blocks für Hochhäuser müssen daher vergrößert werden und die vielen unnötigen Straßen durch solche ersetzt werden, die den heutigen Verkehrsanforderungen entsprechen.
Das Wachstum der Industrie und der Gebrauch mechanischer Verkehrsmittel waren von größtem Einfluß auf das Wachstum der Städte. Ungeplant wie sie sind, führten sie jedoch zu dem Dilemma, in dem die Städte sich heute befinden. Besonders die luftverunreinigenden Industrien waren von großem Nachteil für die Gesundheit der Bevölkerung. Sollten diese Industrien nicht unter Berücksichtigung der vorherrschenden Winde geplant werden? Sollten nicht die zugehörigen Wohngebiete so angeordnet werden, daß sie frei von gesundheitsstörenden Einflüssen sind? Auch für das Industriegebiet ist das bestehende Block- und Straßensystem unbrauchbar geworden. Die heutigen Industrien benötigen eingeschossige Bauten, die sich besser als mehrgeschossige dem Produktionsprozeß anpassen. Sie verlangen daher größere Flächen, die den Anforderungen der Industrien entsprechen müssen. Manche Industrien benötigen auch Erweiterungsflächen, die die Planung vorzusehen hat. Andere Industrien sind voneinander abhängig und müssen daher in Beziehung zueinander geplant werden. Die Standorte für Industrien, die

luftverunreinigend sind, sollten immer unter Berücksichtigung der vorherrschenden Winde festgelegt werden.

Alle diese verschiedenen Industrien stellen spezielle Planungsaufgaben, die in jedem einzelnen Fall verschieden sind und daher immer in Übereinstimmung mit ihrer Funktion geplant werden müssen.

Motorfahrzeuge haben das einst völlig genügende Straßensystem mit seinen vielen Kreuzungen unbrauchbar gemacht. Es ist weder genügend Raum zum Fahren noch zum Parken. Ebenso wie die Motorfahrzeuge die Straßen füllen, sind die Vorortbahnen und Untergrundbahnen mit Passagieren überfüllt. Sie werden in den Hauptverkehrsstunden zu einer barbarischen Einrichtung, zu einem der großen Nachteile unserer Zivilisation.

Sollte nicht dieses unbrauchbare Straßensystem durch ein neues ersetzt werden, das den Verkehrsanforderungen entspricht? Solch ein neues Straßensystem muß differenziert sein, angefangen von den Hauptverkehrsstraßen, die ausschließlich für Motorfahrzeuge bestimmt sind, bis hin zu den Gehwegen, die nur für Fußgänger geplant sind.

Solch ein Straßensystem würde den Verkehr zwar verbessern, aber nicht reduzieren.

Sollte nicht die Lösung des unlösbar scheinenden Verkehrsproblems darin liegen, den Verkehr soweit als möglich unnötig zu machen?

Das könnte erreicht werden, wenn die einzelnen Gebiete einer Stadt in eine solche Lage zueinander gebracht würden, daß jedes ungehindert vergrößert werden kann und jedes vom anderen im Fußgängerverkehr zu erreichen ist.

Solche theoretischen Betrachtungen stellen und klären die Planungsprobleme, die zu lösen sind. Wenn wir diese richtig erkennen, können wir uns auch eine mögliche Lösung vorstellen, diese diagrammatisch festlegen, schließlich zur Bildung von Planungselementen fortschreiten und endlich Planungsprinzipien aufstellen. Wir dürfen aber nicht vergessen, daß die Wirklichkeit auf diese Elemente einen modifizierenden Einfluß ausüben wird. Sie müssen sich geographischen und topographischen Gegebenheiten anpassen, ohne damit ihr Wesentliches zu verlieren.

Ein Diagramm ist abstrakt. Städte aber sind konkret. Städte haben, wie Individuen, ihre Physiognomie. Diese ist von dem Charakter der Landschaft abhängig, in der sie liegen, und auch von den Bewohnern, welche sie bauen und in ihnen leben, und schließlich von der Funktion, die die Städte jeweils zu erfüllen haben. Städte sind eine Erfüllung menschlicher Anforderungen, eine Realisierung menschlicher Ziele.

Planung wird oft mißverstanden. Einige glauben, sie sei eine Art von Zwangsjacke, welche alle Dinge festlegt und einschränkt. Der Zweck der Planung ist aber, eine Art Rahmen zu schaffen, der eine freie Entwicklung der Stadt und ihrer Teile und deren Erweiterung möglich macht und dabei überall die gleichen vorteilhaften Beziehungen zwischen einem Teil zu den anderen aufrechterhält.

II

Jahre des Nachdenkens und der Arbeit waren notwendig, um diese Planungselemente und Planungsprinzipien zu finden und mit ihnen die Stadt des industriellen Zeitalters zu bilden. Oft hemmten Irrtümer den Weg. Manchmal aber führten gerade Irrtümer zu einer neuen Erkenntnis der Probleme. Negative Resultate eröffneten gelegentlich den Weg zu positiven, bis schließlich eine zufriedenstellende Lösung gefunden wurde.

Ich hatte immer ein großes Interesse für Städte, alte wie neue. Bei den neuen hatte ich jedoch immer Schwierigkeiten, ihre Pläne zu verstehen. Sie waren für mich ein Buch mit sieben Siegeln. Sie hatten eine Art Geheimnis für mich, in das ich nicht eindringen konnte. Ich konnte niemals verstehen, warum etwas so oder so war. Es hätte auch anders sein können, ohne eine wesentliche Veränderung herbeizuführen.

Das Wesentliche primitiver Siedlungen, der griechischen und römischen Städte, der Städte des Mittelalters, der Renaissance und des Barock, sie alle konnte ich verstehen, und alles in ihnen war vernünftig und sinnvoll. Als ich die Pläne mit den heutigen verglich, fand ich, daß diese neuen Pläne nicht der Ausdruck von leitenden Prinzipien waren, sondern im Wesen chaotisch. Da aber das Chaotische nicht zu verstehen ist, begriff ich, warum ich diese Pläne nicht verstehen konnte.

Es war ein Erlebnis für mich, als ich zuerst in Kontakt mit wirklicher Planung kam und ihre Möglichkeiten entdeckte. Während des ersten Weltkrieges hatte ich mit anderen zusammen Pläne für eine Flieger-Versuchs- und Lehranstalt zu bearbeiten. Es war ein technisches Problem und daher frei von allem Romantischen, das damals gewöhnlich mit Planung verbunden war. Mit dieser Arbeit begann meine wirkliche Erziehung zum Planen; ich erlernte es, indem ich es tat. Das Planungsobjekt war ohne Vorbilder. Alles hatte mit dem Anfang anzufangen. Für jede Abteilung mußte die Beziehung der verschiedenen Gebäude zueinander studiert werden, die Besonderheiten einer jeden Abteilung erkannt und entsprechend durchgebildet werden. Schließlich mußte jede Abteilung in Beziehung zum Ganzen gebracht werden, wie das Ganze in Beziehung zu seinen Teilen.

Ich begann die Wichtigkeit und die Möglichkeiten des Planens zu verstehen und welchen gewinnbringenden Einfluß die Anwendung derselben Prinzipien auf die Planung unserer Städte haben könnte, wenn jeder Teil der Stadt nach den ihm eigenen Gesetzen durchgebildet und ordnungsmäßig mit den anderen Teilen in Beziehung gebracht würde. Auf diese Weise könnte schließlich eine den heutigen Anforderungen entsprechende Stadtstruktur gefunden werden, in welcher kein Teil auf den anderen einen nachteiligen Einfluß ausübt. Eine Stadtstruktur, organisch im Charakter, in der jeder Teil für sich wie auch das Ganze eine harmonische Einheit bilden.

III

Die Städte des industriellen Zeitalters vergrößerten sich rasch. Je größer sie wurden, desto weniger konnten sie ihre Funktion erfüllen. Dennoch ist die Großstadt faszinierend, trotz aller ihrer Mängel. Sie ist ein Objekt, das die Aufmerksamkeit des Menschen erregt, gleichgültig, ob er sie bejaht oder ablehnt. Für den Planer ist die Stadt im höchsten Maße anregend, da sie eines der wichtigsten Planungsprobleme unserer Zeit darstellt. Wenn wir für die Großstadt eine Lösung finden, sind wir auch imstande, alle anderen Planungsprobleme zu lösen. Wie können wir einen Weg finden, um uns diesem Problem zu nähern? Was wird die Lösung für die verschiedenen Gebiete, die eine Großstadt konstituieren, sein? Wie soll deren Beziehung zueinander aussehen? Können die Teile integriert werden? Wie kann das komplizierte Verkehrsproblem, das zu lösen unmöglich erscheint, trotzdem gelöst werden? Die Probleme, die die Großstadt stellt, sind interessant und vielversprechend. Ganz natürlich wurde die Großstadt das Objekt meiner Studien.

Das Wohngebiet, das den größten Teil des Stadtraums einnimmt, ist das wichtigste der Stadtgebiete und steht in Beziehung zu den anderen Teilen der Stadt. Sein Hauptproblem ist das der Bevölkerungsdichte. Bevölkerungsdichte ist ein soziales wie auch ein hygienisches Problem. Es ist sozial, weil es die Wohnform bestimmt und damit die Lebensverhältnisse der Menschen beeinflußt. Es ist ein hygienisches Problem, da es den Gesundheitszustand der Bewohner beeinflußt. Von der Wohndichte hängen Raum, Besonnung und Luft der einzelnen Wohnformen ab. Man glaubt, daß das Mietshaus die gegebene Wohnform in einer Großstadt ist. Die wesentliche Aufgabe schien zu sein, es seinen Zwecken besser anzupassen.

Die Funktion der Straßen und Baublocks ist heute immer noch dieselbe wie in der Vergangenheit. Der Block vereinigt die Gebäude, die Straßen verbinden sie untereinander und mit den anderen Straßen in den anderen Gebieten der Stadt. Die Blocks sind in einzelne Grundstücke aufgelöst, die verhältnismäßig klein sind und daher nicht den Anforderungen des Mietshauses entsprechen können. Die Gebäude, die auf einem solchen aufgeteilten Grundstück errichtet werden, sind zu dicht zusammengebaut. Jedes nimmt dem anderen Licht und Luft weg. Die Wohnungen sind nicht durchlüftbar und zeigen nur die negative Seite dieser Bauform. Das Problem ist, die Mietshäuser so zu gestalten, daß sie ihre Aufgabe aufs beste erfüllen. Dies kann erreicht werden, wenn die Blocks als Einheit betrachtet werden und wenn ein Straßensystem entwickelt wird, das differenziert ist entsprechend den Aufgaben, die es zu erfüllen hat.

1923 veranstaltete die Zeitschrift »Bauwelt« einen Wettbewerb für die Neugestaltung von Haus und Wohnung. Ich machte einen Vorschlag für einen

Block mit Wohnungen entlang seiner Längsseiten, während die Schmalseiten offen waren. Mit einem ähnlichen Block als Grundelement entwickelte ich alsdann den Plan für einen Vorort.
Nach vielen Versuchen wurde der Wohnungsgrundriß festgelegt, welcher bei begrenztem Raum komplexe Raumbedürfnisse zu erfüllen suchte. Dies wurde möglich durch den Wegfall des Korridors und durch eine direkte Verbindung der Schlafzimmer mit dem Wohnraum. Um die Baukosten zu verringern, wurde die Standardisierung der verschiedenen Räume vorgeschlagen, mit Ausnahme des Wohnraumes, der sich vergrößert entsprechend der Anzahl der Schlafzimmer, die von ihm aus zugänglich sind. Die Wohnungen sind in Reihen angeordnet entlang der Längsseiten der Blocks. Diese Trakte, die fünfgeschossig sind, stehen alle frei und sind in gleichem Abstand voneinander angeordnet. Der Bebauungsplan des Vororts beruht auf der Multiplikation eines solchen Blocks. Der Vorort ist in vier Nachbarschaften aufgeteilt, zwei an jeder Seite der Vorortbahn. Deren zwei Stationen sind so angeordnet, daß sie je zwei Nachbarschaften bedienen. Jede hat zwei Eingänge, die mit den Hauptstraßen der Nachbarschaften direkt verbunden sind. Alle diese Stationen können im Fußgängerverkehr erreicht werden. Zwischenverkehrsmittel sind daher unnötig. Entlang der Hauptstraßen sind zweigeschossige Anbauten für Läden und Werkstätten. Für jede Nachbarschaft sind zwei Schulen vorgesehen. Zwei Nachbarschaften haben zusammen ein Krankenhaus. Von den Hauptstraßen zweigen Wohnstraßen ab, die zu den Mietshäusern führen und von geringerer Breite sind. Sie sind unter sich durch Wohnwege verbunden. Der Vorort ist von Freiflächen, seinem Erholungsgebiet, umgeben.
Der Plan dieses Vororts wurde vor mehr als vierzig Jahren gemacht. Er war mein erster Beitrag zum Wohnungs- und Planungsproblem. Es ist mir daher wichtig, heute seine Vor- und Nachteile herauszufinden.
Bei den Wohnungen ist der Zugang zu den Schlafräumen direkt vom Wohnraum aus abzulehnen, dagegen die Vergrößerung des Wohnraumes entsprechend der Anzahl der Schlafräume als etwas Positives anzusehen. Die Schlafräume sind zu klein, wenn sie auch nur für eine Person bestimmt waren. Jedoch was sind wir heute bereit, jeder Person an Raum in Kleinwohnungen zuzumessen? Um die Baukosten zu reduzieren, schlug ich die Standardisierung vor. Prefabrikation ist immer noch ein ungelöstes Problem, das jedoch in der Zukunft gelöst werden wird. Die Orientierung der Wohnungen ist falsch. Die Räume liegen nach Osten und nach Westen. Ost-Orientierung kann akzeptiert werden, während die nach Westen abzulehnen ist. Die Ablehnung der Orientierung ist zugleich auch die Ablehnung der Wohndichte. Es war grundsätzlich falsch, das Mietshaus als die einzige Wohnform anzunehmen.
Es war auch falsch, überhaupt einen Vorort zu planen. Ein Vorort ist mehr oder weniger lediglich eine Schlafgelegenheit für die Menschen, die in der Großstadt arbeiten. Da solche Vororte mehr und mehr zunehmen, verur-

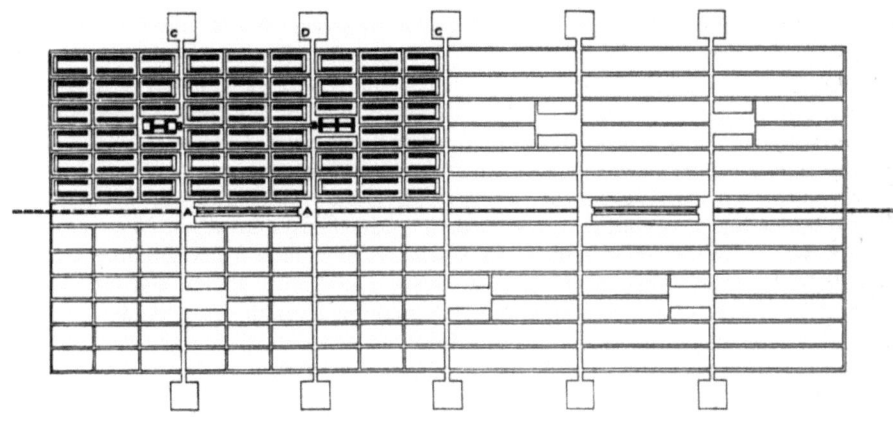

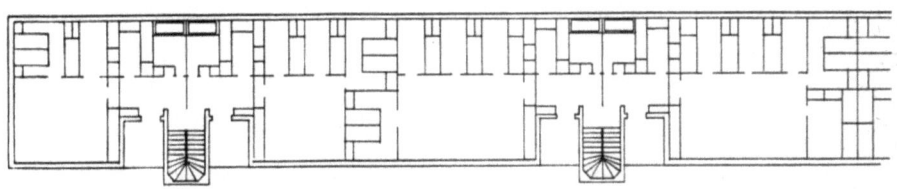

3. Vorort, Plan und Wohnungsgrundrisse

4. Vorort, Block

sachen sie zu einem Teil unsere Verkehrsschwierigkeiten. Würde man hingegen einen solchen Vorort mit einem Arbeitsgebiet verbinden, könnte er eine relativ unabhängige Gemeinde werden. Seine Bewohner könnten dort Arbeit finden, der Verkehr nach der Großstadt würde reduziert. Dieser Fehler war das Resultat des Einflusses der Großstadt. Schon ihre Existenz hindert uns, die Wirklichkeit von einem freien Gesichtspunkt aus zu sehen. Es ist, als ob wir den Wald nicht vor Bäumen sähen. Dieser Vorort hat aber auch einige Vorteile. Das Straßensystem seiner Nachbarschaften ist differenziert und ist in gewissem Sinn eine Vorwegnahme der Siedlungseinheit, die ich später entwickelte. Der Vorort als ein Ganzes geplant, ist also in gewissem Sinn eine Vorwegnahme der später entwickelten Gemeinde. Als ich sie plante, überraschte mich die große Ähnlichkeit beider. Es war, als wäre ich wieder am Ausgangspunkt angelangt.

IV

Nach der Planung des Wohngebiets versuchte ich, das Geschäftsgebiet zu bearbeiten und eine Lösung zu finden, die es besser für alle Ansprüche geeignet macht. Ursprünglich waren die Geschäftsgebäude konventionelle Wohnbauten, mit all ihren Unvollkommenheiten. Auch wenn sie von vornherein als Geschäftshäuser gebaut wurden, waren sie nicht viel besser, weil man sie auf zu schmalen Grundstücken errichtete. Aus demselben Grund war auch die Entwicklung des Hochhauses begrenzt. Seine Wirkung bestand darin, daß der Wert des Grundstückes sich erhöhte. »Hochhäuser haben einen entwertenden Einfluß auf ihre Nachbargrundstücke. Zu intensive Ausnutzung des Geländes reduziert den Gebrauchswert der angrenzenden Grundstücke. Wir haben viele Hochhäuser, deren Nachbargrundstücke nur noch für das Abstellen von Kraftwagen benutzt werden können. Es scheint, daß die zu intensive Ausnutzung des Geländes weder ökonomisch noch notwendig ist.«* Das Hochhaus soll damit nicht abgelehnt werden, aber es muß entsprechend geplant sein, um seine Nachteile zu vermeiden. Die meisten übersehen die Wirkung der dritten Dimension. Die Straßen des Geschäftsgebiets sind überfüllt mit Wagen, die Gehwege mit Menschen. Öffentliche Verkehrsmittel, wie Straßenbahnen und Omnibusse, sind zwar auch störende Faktoren, aber sie fahren nur durch das

* Urban Land Institute: Decentralization. What it is doing to our Cities. Chicago 1940.

5. Straßenansicht

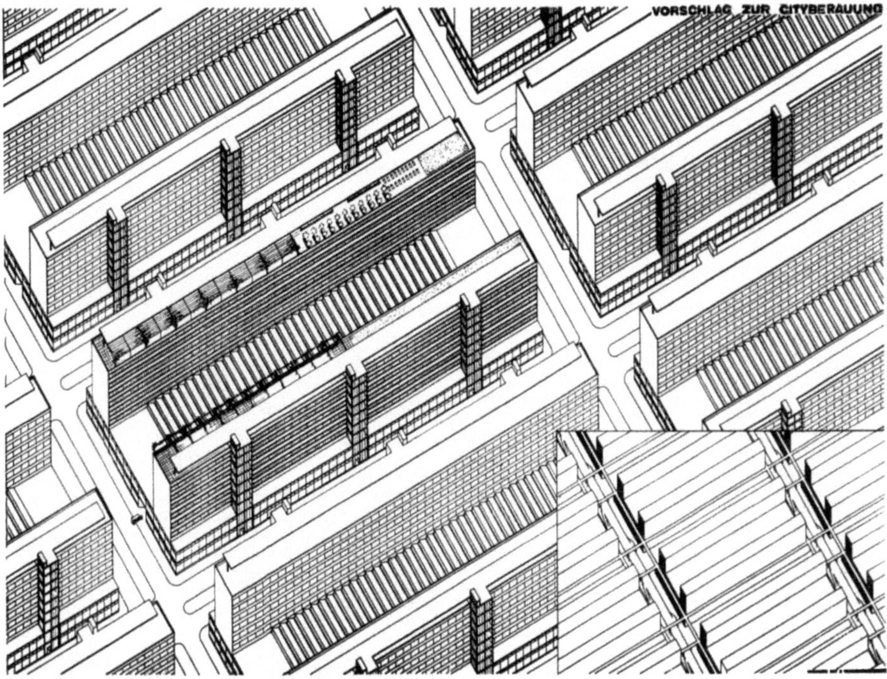

6. Vorschlag zur Citybebauung. Ansicht

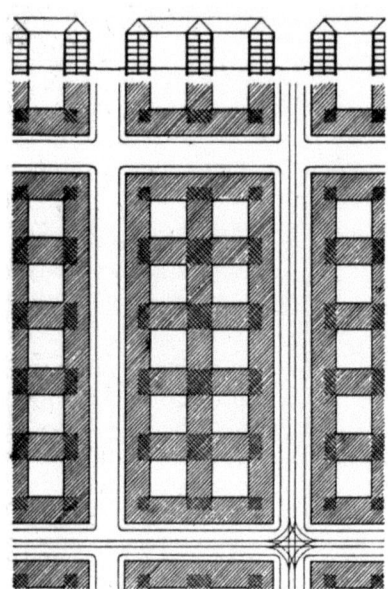

Übliche Bebauung

Neuer Vorschlag. Gleiches Nutzungsergebnis

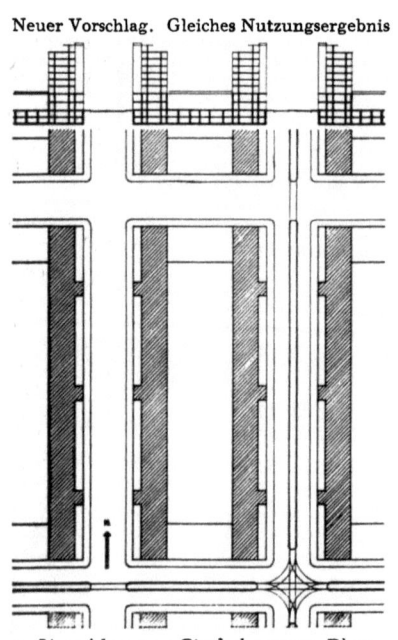

7. Vorschlag zur Citybebauung. Plan

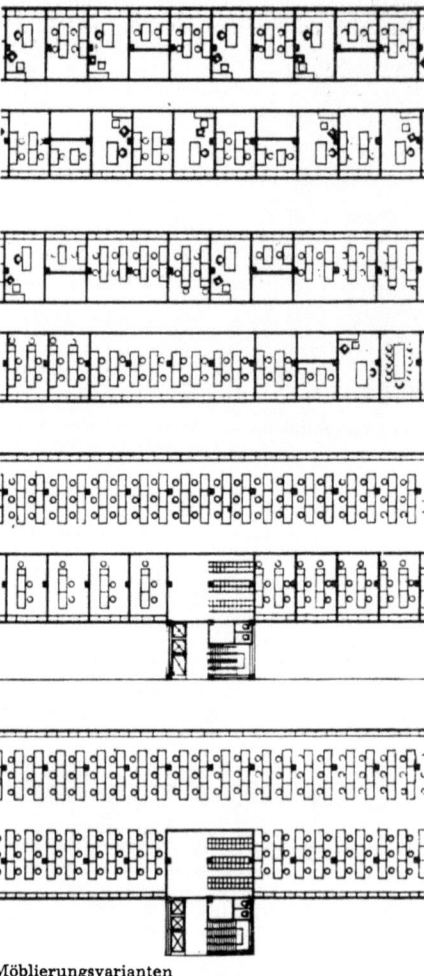

Möblierungsvarianten

Längsschnitt

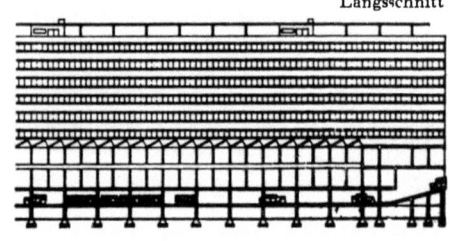

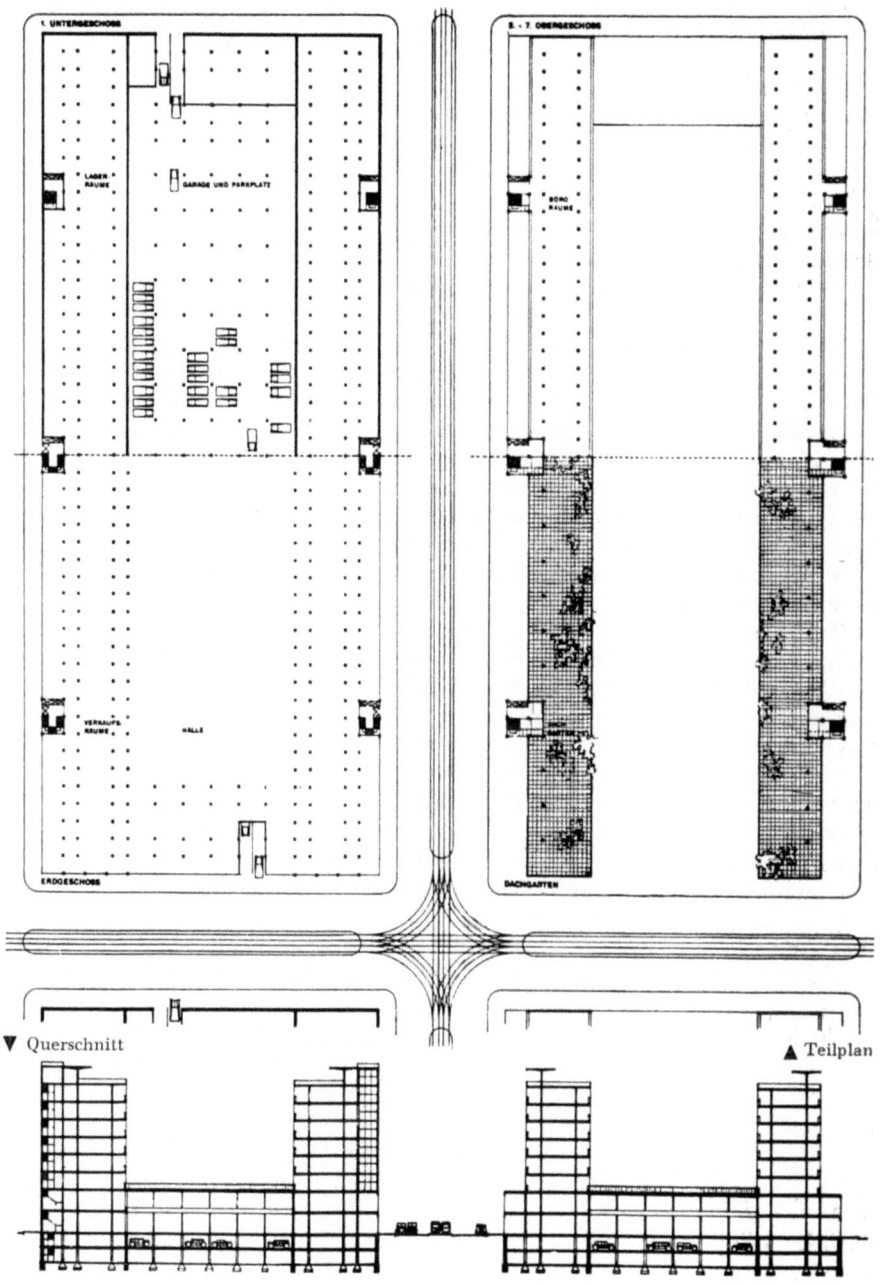

Geschäftsgebiet, während die meisten Autos für kürzere oder längere Zeit dort bleiben. Das Auto braucht also nicht nur Raum zum Fahren, sondern auch zum Parken. Eine Person in einem Automobil benötigt das Fünfzehnfache des Raumes, den eine Person in einem Straßenbahnwagen beansprucht. Dazu muß noch der Raum für das Parken gerechnet werden, der aber meistens nicht vorhanden ist. Daher sollte mit jedem Geschäftshaus auch der benötigte Parkraum unmittelbar verbunden sein.
Bei der Planung des Geschäftsgebiets wurde wieder ein Block als Einheit angenommen, aber statt der üblichen Aufteilung einheitlich bebaut. Der Aufbau des Blocks besteht aus einem zweigeschossigen Teil, der den ganzen Block einnimmt und der Warenhäuser, Läden, Banken und andere Geschäftsräume enthält. Unter der Erde befinden sich zwei weitere Geschosse, von denen das eine Lagerzwecken, das andere als Parkfläche dient. Auf dieser Plattform erheben sich an den Längsseiten sechsgeschossige Bürohäuser, die freistehend sind. Die einzelnen Stockwerke können beliebig in kleinere oder größere Büros aufgeteilt werden. Solche Büros können aus einem Geschoß oder auch aus mehreren bestehen. Die flachen Dächer dieser Bürohäuser sind als Dachgärten ausgebildet und können von den Angestellten für Erholungszwecke benutzt werden. Nach und nach könnten diese neuen Blocks die vorhandenen ersetzen, und das Geschäftsgebiet würde seine Funktion besser erfüllen.
Die Blocks brauchten nicht alle gleich zu sein. Variationen sind nicht nur möglich, sondern auch wünschenswert. Der Zweck dieser Studie war zu zeigen, wie ein Block eines Geschäftsgebietes so geplant werden kann, daß er, ohne die Arbeitsfläche zu vermindern, seine Funktion besser erfüllt.
Dieser Vorschlag wurde für das Geschäftsgebiet Berlins gemacht. Die gleichen Prinzipien können auch auf die Hochhausstädte Amerikas angewandt werden, wie der Vorschlag für das Geschäftsgebiet in Chicago zeigt. Entsprechend der Hochhausbebauung wurden acht Blocks zu einem einzigen vereinigt. Beide Vorschläge sind das Resultat der gleichen Prinzipien, jedoch in ihrem Endergebnis völlig verschieden voneinander.

V

Die Großstadt hat die Tendenz, sich über immer größere Flächen auszubreiten. Der Abstand zwischen den Wohn- und Arbeitsgebieten vergrößert sich dementsprechend. Die Zeit, die die Einwohner benötigen, um von einem Gebiet ins andere und wieder zurück zu kommen, steht im Mißverhältnis zur Arbeitszeit selbst und beträgt oft ein Viertel oder auch ein Drittel von ihr. Die Unordnung, die in einer Großstadt herrscht, ist nicht nur das Resultat ihrer ungehinderten Ausbreitung; ihre Hauptursache ist, daß keine richtige Beziehung zwischen den einzelnen Gebieten besteht. Wohn- und Arbeitsgebiete sind ohne Beziehung zueinander und über das ganze Gebiet der Großstadt verstreut. Dies führt zu paradoxen Zuständen. Tausende wohnen an einem Ende der Stadt und arbeiten am anderen und umgekehrt. Der Glaube, daß eine Verbesserung und Erweiterung des Verkehrssystems Abhilfe schaffen werde, ist ein Irrtum. Es ist, als ob man ein Symptom für die Krankheit selbst hielte. Die Krankheit aber ist die Unordnung der Stadt. Wie kann diese Unordnung aufgehoben werden? Könnte man nicht ihre Arbeits-, Wohn- und Erholungsgebiete organisch zueinander ordnen und in Fußgängerentfernung miteinander verbinden? Würde dann nicht das scheinbar unlösbare Verkehrsproblem dadurch gelöst werden, daß der Verkehr größtenteils vermieden wird? Wie ist das zu erreichen?

Eines Abends, im Jahre 1924, war ich mit Freunden zusammen, um, wie gewöhnlich, Probleme der Zeit zu diskutieren. Einer von ihnen mußte eher weggehen, da er am andern Morgen früh mit den Arbeitern in der Fabrik sein mußte, wo er Betriebsingenieur war. Da seine Wohnung in großer Entfernung von der Fabrik lag, mußte er ungewöhnlich früh aufstehen, um zur rechten Zeit zur Stelle zu sein. Nach seinem Weggehen sprachen wir über die Stadt und ihre Nachteile und über die Notwendigkeit, sie zu verändern und zu verbessern. Während dieser Diskussion hatte ich eine Idee, die eine mögliche Lösung dieses Problems zu bieten schien. Anstatt daß sich die Großstadt immer weiter horizontal ausbreitet, könnte sie sich im Gegenteil mehr und mehr konzentrieren und damit auf eine kleine Fläche beschränken. Die Arbeits- und Wohnfunktionen einer Stadt könnten voneinander geschieden, senkrecht miteinander verbunden werden: Unten die Arbeitsstadt und darüber die Wohnstadt. Eine Hochhausstadt, in der der Verkehr dadurch reduziert wird, daß jeder über seiner Arbeitsstätte wohnt.

9 Wieder wurde ein Block als Grundelement einer solchen vertikalen Stadt zugrunde gelegt. Seine Abmessungen sind aber beträchtlich größer als diejenigen, die bei der Planung des getrennten Wohn- und Geschäftsgebiets angenommen waren. Der Block der Hochhausstadt besteht, wie der des Geschäftsgebiets, aus zwei Teilen. In dem unteren fünfgeschossigen Teil befinden sich Geschäfts- oder Fabrikräume, Büros und Werkstätten, die die vier

Seiten des Blocks umgeben und durch acht Quertrakte miteinander verbunden sind. Die Höfe, die dadurch entstehen, können auch überdacht werden und als Kauf- oder Fabrikhallen dienen. Der obere, fünfzehngeschossige Teil des Blocks dient Wohnzwecken. Die Wohnungen befinden sich in zwei Trakten entlang der Längsseiten des Blocks. Diese Trakte sind gegen den unteren Teil zurückgesetzt. Dies ermöglicht die Anordnung von Gehwegen. Diese Gehwege überbrücken die Straßen, die nur dem Wagenverkehr dienen, so daß Fahrzeug- und Fußgängerverkehr vollständig voneinander getrennt sind. Das unterste Geschoß dieser Wohntrakte enthält Läden und Restaurants und die Zugänge zu den Wohnungen und Arbeitsräumen, die durch Aufzüge untereinander verbunden sind. Im Untergeschoß des Teils, der die Arbeitsräume enthält, befinden sich Lagerräume und Garagen.

Eine Untergrundbahn dient dem lokalen Verkehr, der dadurch, daß jeder über seiner Arbeitsstätte wohnt, zu einem Minimum reduziert wird. Die Fernbahn ist in zwei Richtungen mitten durch die Stadt geführt und befindet sich unter den Untergrundbahnen. Der Zentralbahnhof befindet sich in der Stadtmitte, wo die beiden Fernstrecken sich kreuzen.

Luftverunreinigende Industrien befinden sich außerhalb des Stadtraumes. Es ist eine Frage, ob mit diesem Vorschlag das Problem der Großstadt wirklich gelöst wurde, und zwar nicht nur vom technischen, sondern auch vom menschlichen Gesichtspunkt her.

Die Idee, die Arbeitsstätte mit der Wohnstätte in einem Gebäude zu vereinigen, ist nicht neu. Die mittelalterlichen Häuser hatten Werkstätten im Erdgeschoß und Wohnungen in den oberen Geschossen. Dasselbe finden wir auch in manchen großen Hotels. Es ist möglich, in einem Hotel zu wohnen und in ihm zugleich seine Arbeitsstätte zu haben. Manche Hotels nennen sich eine Stadt in der Stadt.

Da der Vorschlag dieser Hochhausstadt nun schon beinahe vierzig Jahre alt ist, haben wir Abstand genug, ganz objektiv seine Vorteile und seine Nachteile zu betrachten. Ein Vorteil: der lokale Verkehr wurde, da sich die Wohnstätten über den Arbeitsstätten befanden, auf ein Minimum reduziert. Aus der Gleichförmigkeit der Blocks aber resultierte eine zu große Einförmigkeit. Alle natürlichen Dinge waren ausgeschlossen: Kein Baum, keine Grasfläche unterbrachen die Einförmigkeit. Die Wohnungen hatten nicht die richtige Orientierung. Um die Stadtfläche zu reduzieren, war eine höhere Wohndichte notwendig, die dadurch erreicht wurde, daß die Wohnungen an beiden Seiten eines Mittelkorridors lagen. Folglich waren die Wohnungen nicht durchlüftbar. Die Wohndichte war höher als wünschenswert. Es war nicht die Absicht dieser Studie, das architektonische Problem der Stadt zu lösen; sie war lediglich ein Versuch, eine technische Lösung des Verkehrsproblems zu finden. Dieses Ziel wurde erreicht, aber um welchen Preis! Als Ganzes gesehen, war das Konzept dieser Hochhausstadt bereits als Gedanke falsch. Das Resultat war mehr eine Nekropolis als eine Metropolis, eine sterile Landschaft von Asphalt und Zement, unmenschlich in jeder Hinsicht.

8. Anwendung des Prinzips auf Berlin

9. Hochhausstadt

VI

Das Negative dieser Hochhausstadt hatte jedoch auch einen positiven Effekt. Sie wurde zum Ansporn, Neues zu versuchen. Ich begann, mich für die Fragen des Menschen und seine Umwelt zu interessieren. Es war die Zeit der Depression und Arbeitslosigkeit. Der Planer konnte den Menschen nicht länger ignorieren.

Unsere Städte, besonders die größeren, wurden als das Resultat des Wohlstandes und des Fortschrittes angesehen, die jedem Einzelnen unbeschränkte wirtschaftliche Möglichkeiten gaben. Jedoch das Gegenteil war jetzt der Fall. Die Städte waren inaktiv und hilflos, nur Stein und Asphalt, ihre Bewohner enttäuscht. Mußte nicht die Arbeitslosigkeit die Gesellschaft auflösen und unsere so hochgespannte Zivilisation fragwürdig erscheinen lassen?

Trotz aller unserer Errungenschaften hatten wir die einfache Wahrheit vergessen, daß das Schicksal des Einzelnen zum Schicksal aller werden kann. Wir hatten vergessen, daß der Mensch Sicherheit braucht, nicht nur wirtschaftliche, sondern vor allem innere Sicherheit, die Quelle seines Lebens. Ohne diese innere Sicherheit ist die wirtschaftliche Sicherheit ohne Sinn. Während der Depression verlor der Mensch beides, die wirtschaftliche wie die innere Sicherheit. Sein Leben schien zwecklos. Er hatte das Gefühl, nicht mehr notwendig zu sein, und begann, an sich selbst zu zweifeln. Nur die wirklich mutvollen und aktiven Arbeitslosen versuchten, diesem Dilemma zu entgehen. Sie nahmen sich Land außerhalb der Städte, bebauten es und gewannen dabei nicht nur Nahrungsmittel, sondern durch diese ihre Arbeit auch Selbstachtung.

Schon vor dem Kriege entstanden innerhalb größerer Städte, auf freiem Land, Schrebergärten, in welchen Gemüse und Obst gezogen wurde. In diesen Gärten verbrachten die Besitzer mit ihren Familien ihre freie Zeit. Sie ernteten nicht nur die Früchte ihrer Arbeit; die Arbeit selbst wurde zu einer wünschenswerten Kompensation zu ihrer monotonen industriellen oder Büroarbeit.

Auf Grund dieser Erfahrung fragte ich mich, ob nicht Städte oder deren Erweiterungen so geplant werden sollten, daß sie Gemüsegärten vorsehen für alle die, die solche haben wollen.

Das brachte mich auf die Idee, daß alle Städte dezentralisiert werden sollten. Daß die Städte einen mehr ländlichen, die Dörfer einen mehr städtischen Charakter annehmen sollten. Die Landschaft könnte die Stadt durchdringen und diese selbst zu einem Teil der Landschaft werden. Eine solche Dezentralisation der Städte würde auch eine Dezentralisation der Industrie zur Folge haben und schließlich zu einer Integration von Industrie und Landwirtschaft führen. Dies wiederum würde zu einer Verbesserung der Lebensverhältnisse all jener führen, die in der Industrie und in der Landwirtschaft

arbeiten. Die Industriearbeiter, besonders die Kurzarbeiter, könnten auch, statt der Gärten, kleine Gehöfte haben, während andererseits die Landarbeiter Teilarbeit in der Industrie finden könnten. Solch eine gemischte Tätigkeit, wie sie Peter Kropotkin schon vor langer Zeit vorschlug*, müßte eine wirtschaftliche Stabilität zur Folge haben und zur Verbesserung der Verhältnisse für alle führen.
Gegen Ende der zwanziger Jahre wurde ich aufgefordert, eine Siedlungsstudie zu machen. Dies gab mir die Möglichkeit, meine Ideen weiterzuführen. Es handelte sich um ein Wohngebiet von beträchtlicher Größe. Es ist interessant, dieses neue Planungskonzept mit dem vorerwähnten für einen Vorort zu vergleichen. Zwischen beiden besteht der größtmögliche Unterschied. Statt der in dem Vorort vorherrschenden Mietshäuser sind jetzt eingeschossige Reihenhäuser geplant. Sie sind gemischt mit Gruppen von Mietshäusern, die in großem Abstand voneinander angeordnet sind. Die Reihenhäuser sind, bedingt durch die Anzahl der Schlafzimmer, von verschiedener Größe und haben Gärten.
Die U-förmigen Gruppen der Mietshäuser enthalten Wohnungen von verschiedener Größe. Die Orientierung der Mietshäuser und der Reihenhäuser ist nicht die richtige, was von großem Nachteil ist.

* Kropotkin, Peter: Fields, Factories and Workshops or Industry combined with Agriculture. London 1898.

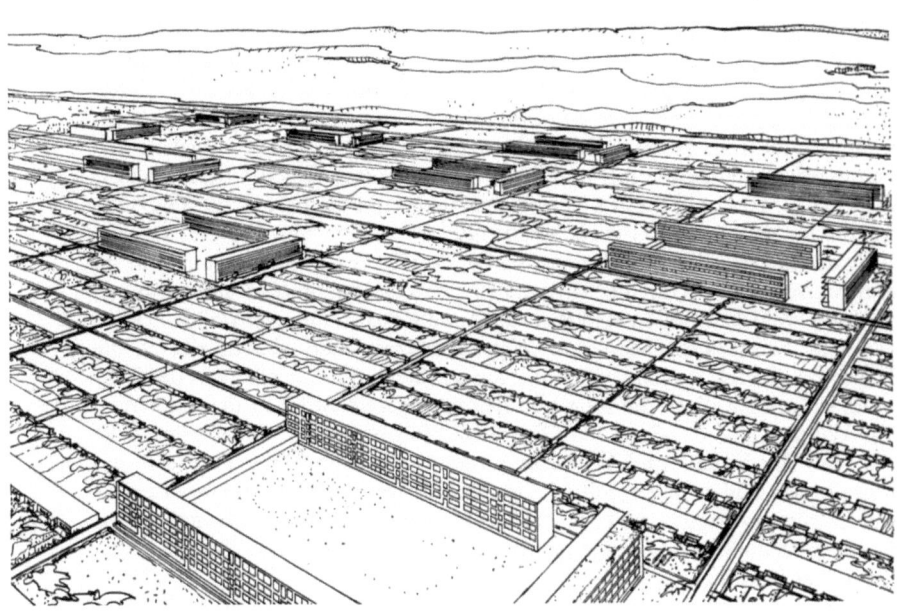

10. Mischbebauung

Die sozialen, psychologischen und hygienischen Voraussetzungen für ein gutes Wohnen, also auch für Ruhe und Erholung, können am besten in freistehenden Einfamilienhäusern verwirklicht werden. Reihenhäuser sollte man daher ablehnen. Sie wurden jedoch der geringeren Kosten wegen vorgeschlagen. In jedem Fall sollte jedes Haus einen Garten haben, der nicht nur den Kindern genügend Spielraum im Freien gibt, sondern gleichzeitig als Gemüsegarten für den Familienbedarf verwendet werden kann.

VII

Die Orientierung der Wohn- und Schlafräume einer Wohnung war bei allen bisher gemachten Vorschlägen verschieden. Die Räume liegen nach Osten, Westen und Süden. Welche Lage ist die günstigste und daher wünschenswerteste? Um diese Frage zu beantworten, machte ich eingehende Studien über Raumdurchsonnung und, damit zusammenhängend, über Siedlungsdichte. Das Ergebnis dieser Untersuchungen ist kurz folgendes: Die kritischen Tage sind der 21. Dezember und der 21. Juni, der kürzeste und der längste Tag des Jahres. Am 21. Dezember ist die Zeit der Raumdurchsonnung am begrenztesten und die Sonneneinstrahlung am niedrigsten. Die Sonne geht im Südosten auf und im Südwesten unter. Die vier Stunden zwischen 10 Uhr morgens und 2 Uhr nachmittags sind die besten, da die Sonne um diese Zeit tief in die Räume eindringt.
Am 21. Juni ist alles umgekehrt. Die Sonne geht im Nordosten auf und im Nordwesten unter. Um die Mittagszeit steht die Sonne hoch am Himmel, und nur wenige Strahlen erreichen das Innere der Räume vom Süden, während die Sonne von Osten und Westen morgens und abends tief in die Räume eindringt. Am 21. März und am 21. September, den Tagen der Tagundnachtgleiche, liegt die mögliche Besonnungszeit zwischen den Extremen des Winters und des Sommers. Die Schlußfolgerung der Untersuchung ist die, daß die Wohn- und Schlafräume einer Wohnung oder eines Hauses immer nach Süden liegen sollten. Im Winter, wenn wir der Sonne am meisten bedürfen, dringt sie tief in die Räume ein. Im Sommer dagegen, wenn wir keine Sonne haben wollen, sind die Räume verhältnismäßig gut gegen die Sonne geschützt.
Schlafräume können auch nach Südosten liegen; schließlich kann auch deren Ostlage noch akzeptiert werden. Kein Raum dagegen sollte nach Westen

11
12

liegen. Der Wohnraum könnte außer nach Süden auch nach Südosten oder Südwesten liegen. Südost-Orientierung für Schlafräume, verbunden mit Südwest-Orientierung für den Wohnraum, kann als das Optimum bezeichnet werden und ist für jedes freistehende Haus möglich.

13 Es ist wichtig, eine klare Vorstellung von der Bevölkerungsdichte zu haben. Was ist ihre Bedeutung, welche Faktoren beeinflussen sie, wie kann sie kontrolliert werden?

14 Mit Bevölkerungs- oder Wohndichte bezeichnen wir die Anzahl der Personen, die auf einer bestimmten Fläche, einem Hektar oder einem Quadratkilometer, leben. Die natürlichen Faktoren, die die Dichte beeinflussen, sind Topographie und Besonnung. Ein Südhang kann dichter bebaut werden als ebenes Land. Diese Betrachtungen beziehen sich auf Südorientierung. Bei Ost- und Westorientierung wird die Dichte größer als bei reiner Südlage, besonders wenn wir die Besonnungsdauer reduzieren. Aber dann werden die Fronten der Gebäude, nicht die Räume selbst besonnt. In nördlichen Gegenden erhöht die größere Geschoßzahl die Dichte nur um ein geringes, in südlichen Breitengraden dagegen in größerem Maße. Auch die Länge einer Wohnung übt einen Einfluß auf die Dichte aus. Wenn sie zu sehr verkürzt wird, werden die Räume zu tief, was nicht zweckentsprechend ist.

15 Die Dichte ihrerseits hat Einfluß auf die Grundrißbildung eines Hauses. Bei einer Dichte von zweihundert Personen pro Hektar wird ein L-förmiges Haus von größtem Vorteil sein. Wenn die Dichte aber nur halb so groß ist, ist die beste Grundrißform des Hauses ein Rechteck. Wenn die Dichte auf ein Viertel herabgesetzt wird, also auf 50 Menschen pro Hektar, ist eine fast unbeschränkte Freiheit in der Grundrißgestaltung möglich. Um Einförmigkeit zu vermeiden, sollten in Wohngebieten die verschiedenen Hausformen und damit auch die Wohndichten gemischt werden.
Die Südorientierung von Mietshäusern hat nicht notwendigerweise Gleichförmigkeit zur Folge. Wie freistehende Einzelhäuser können auch Miethäuser so geplant werden, daß Abwechslung entsteht. Um dies zu demonstrieren, wurden sechs Variationen entworfen, welche sich jeweils in vier Baublocks befinden, die die gleiche Dichte von 250 Personen pro Hektar haben. Alle Gebäude haben eine südliche Orientierung, und alle sechs Lösungen enthalten die gleiche Zahl von Wohnungen.

16 Die erste Lösung besteht aus gleichmäßig verteilten zweigeschossigen Reihenhäusern in sechs Reihen hintereinander. Ohne Zweifel eine ermüdende
17 Gleichförmigkeit. Die zweite Lösung ist nicht viel besser. Die Wohnungen befinden sich nun in viergeschossigen Mietshäusern in drei Reihen hintereinander.

18 Die dritte Lösung zeigt eine überraschende Verschiedenheit. Alle Wohnungen sind nun in zwei Gebäuden konzentriert. Dadurch entsteht freier Raum, ein angenehmer Kontrast zu den beiden vorhergehenden Lösungen.

19 Die nächsten zwei Lösungen haben einen formalen Charakter: die vierte

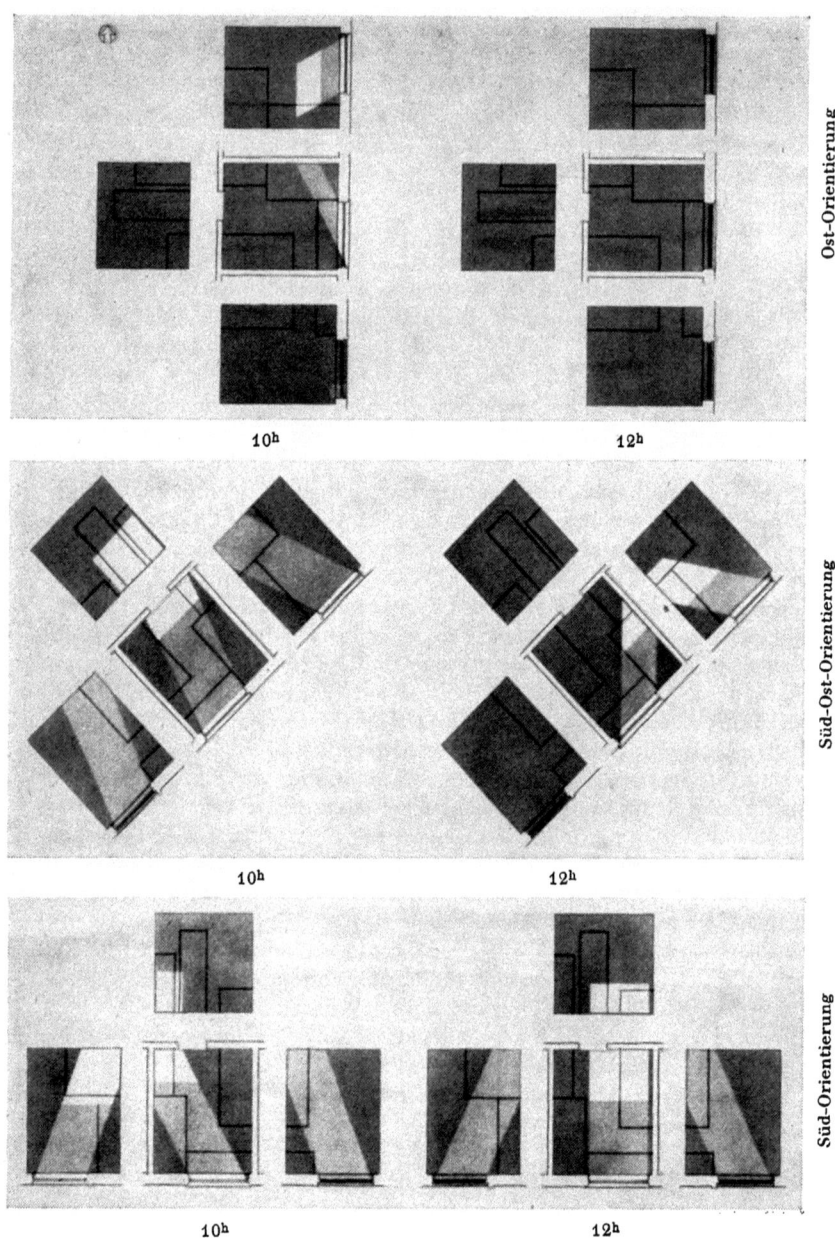

11. Raumdurchsonnung. 21. Dezember

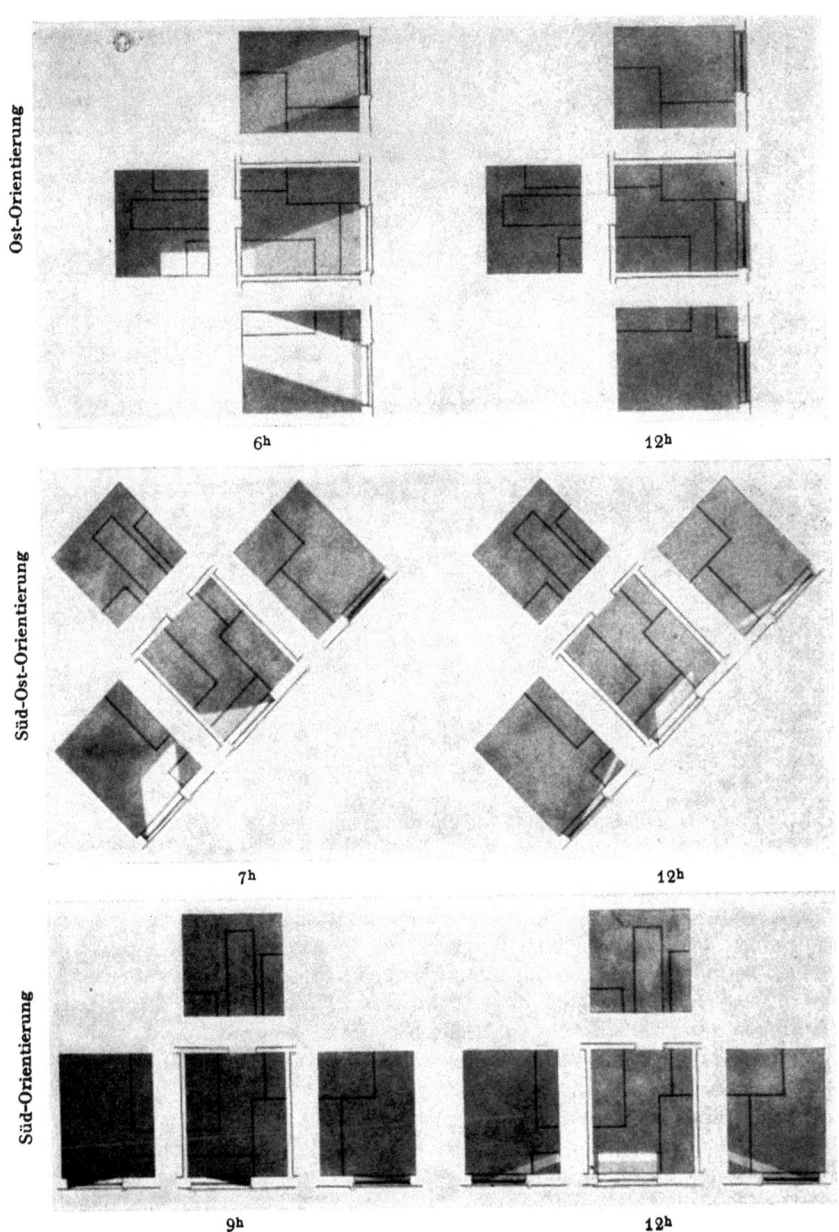

12. Raumdurchsonnung. 21 Juni

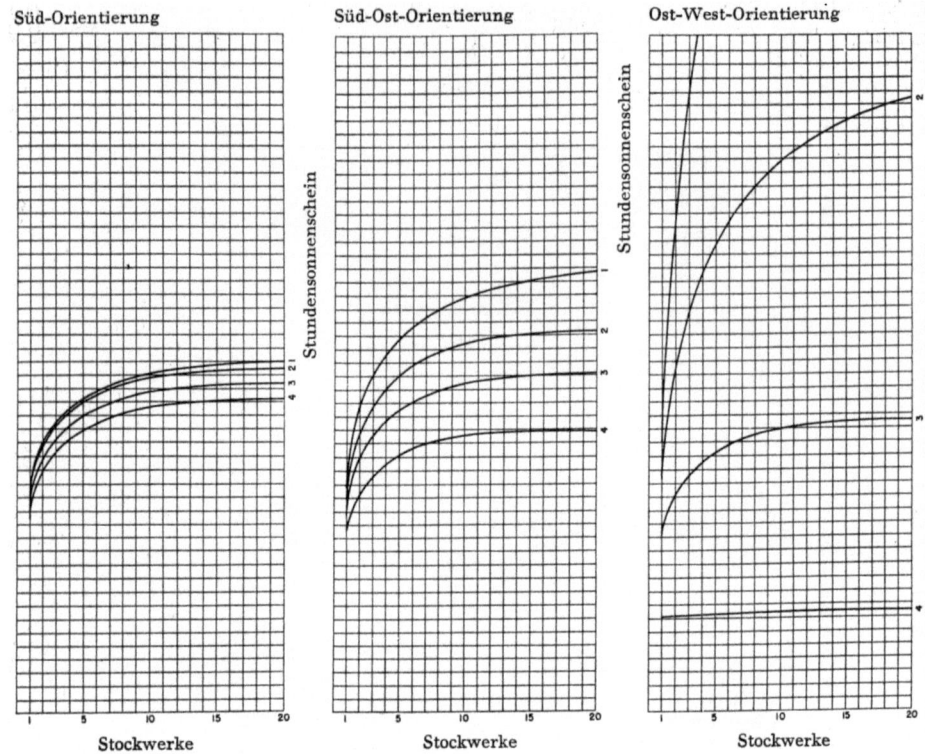

13a. Einfluß der Orientierung auf die Raumbesonnung

Lösung enthält Gebäude von verschieden gekurvter Form und wirkt sehr ornamental; die fünfte Lösung besteht aus rechteckigen Gebäuden von verschiedener Länge und Höhe. Der sechsten Lösung liegt eine strukturelle Idee zugrunde, die in den folgenden Studien weitergeführt wurde. Sie vereinigt zweigeschossige Reihenhäuser mit zwei Mietshäusern und bildet eine Mischbebauung, die Offenheit mit Geschlossenheit vereinigt. Es entsteht ein doppelter Kontrast: einer durch die verschiedenen Höhen der Gebäude, der andere ist räumlich im Charakter.
Die Idee dieser Mischbebauung, die bereits auf die schon erwähnte Siedlungsstudie zurückgeht, wurde weiter durchgebildet. Die zweigeschossigen Reihenhäuser sind durch eingeschossige, freistehende Einfamilienhäuser ersetzt worden, die mit Mietshäusern, die in großer Entfernung voneinander stehen, gemischt sind. Eine solche Lösung vereinigt Abgeschlossenheit mit Weiträumigkeit. Die Einfamilienhäuser haben Gärten und sind für Fami-

20
21

22
23

Plan A
Ost-West-Orientierung

Plan B
Süd-Orientierung

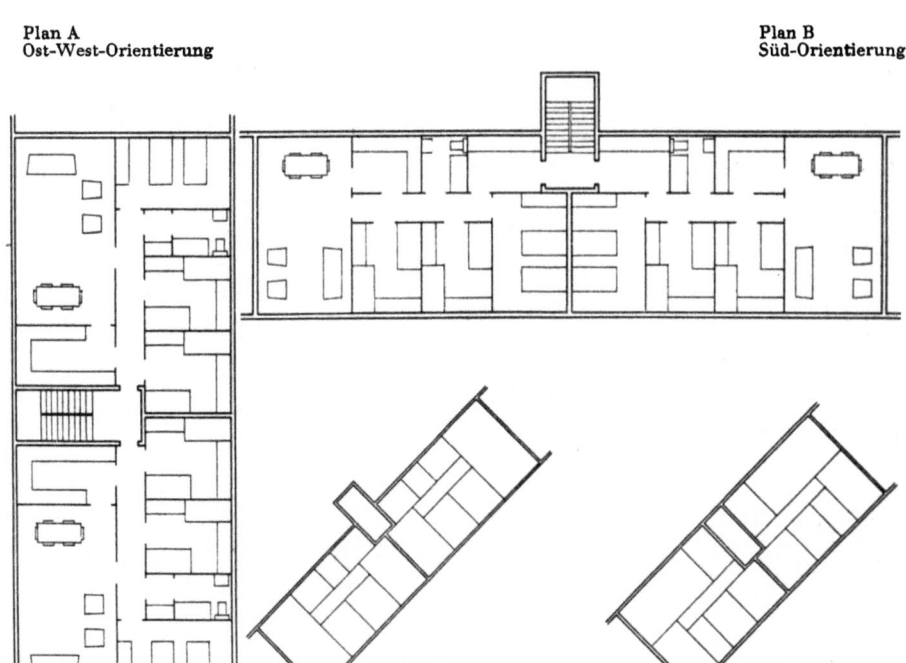

Plan B Süd-Ost-Orientierung   Plan A Süd-Ost-Orientierung

13 b. Einfluß der Orientierung auf den Grundriß

lien mit Kindern geplant. Die Mietshäuser enthalten Wohnungen für Ledige und für kinderlose Ehepaare. Alle diese Wohnungen haben einen freien Blick über die Gärten der Einfamilienhäuser und darüber hinaus über die freie Landschaft mit ihren Wiesen und Feldern, Flüssen und Wäldern. Die Einfamilienhäuser sind verborgen hinter der Bepflanzung ihrer Gärten. Nur die freistehenden Mietshäuser sind weithin sichtbar.

24
25
26
Diese Mischbebauung, die ich gegen Ende der zwanziger Jahre vorschlug, verwirklichte die Idee einer neuen städtischen Umwelt. Sie macht es möglich, daß jedem die Wahl seiner Wohnform freisteht, und berücksichtigt die Zusammensetzung der Bevölkerung. Diese Mischbebauung verbindet die Stadt mit der Landschaft, macht die Stadt zu einem Teil von ihr. Sie macht viele Variationen möglich. Die freistehenden Mietshäuser können auch zu Gruppen verschiedener Art vereinigt werden. Die Mischbebauung kann vielleicht als die Siedlungsform der Zukunft bezeichnet werden.

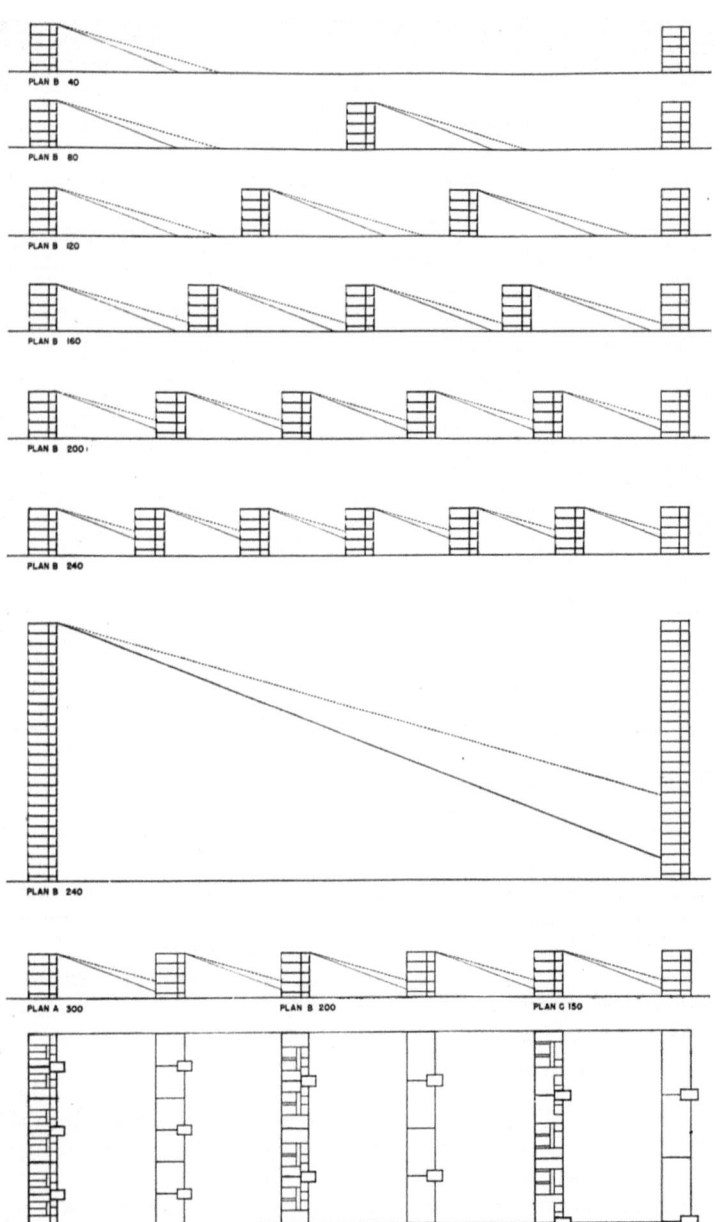

Die Zahlen auf den Plänen geben die Anzahl der Bewohner je 0,4 ha an

14. Mietshäuser mit verschiedenen Grundrissen und deren Einfluß auf die Wohndichte

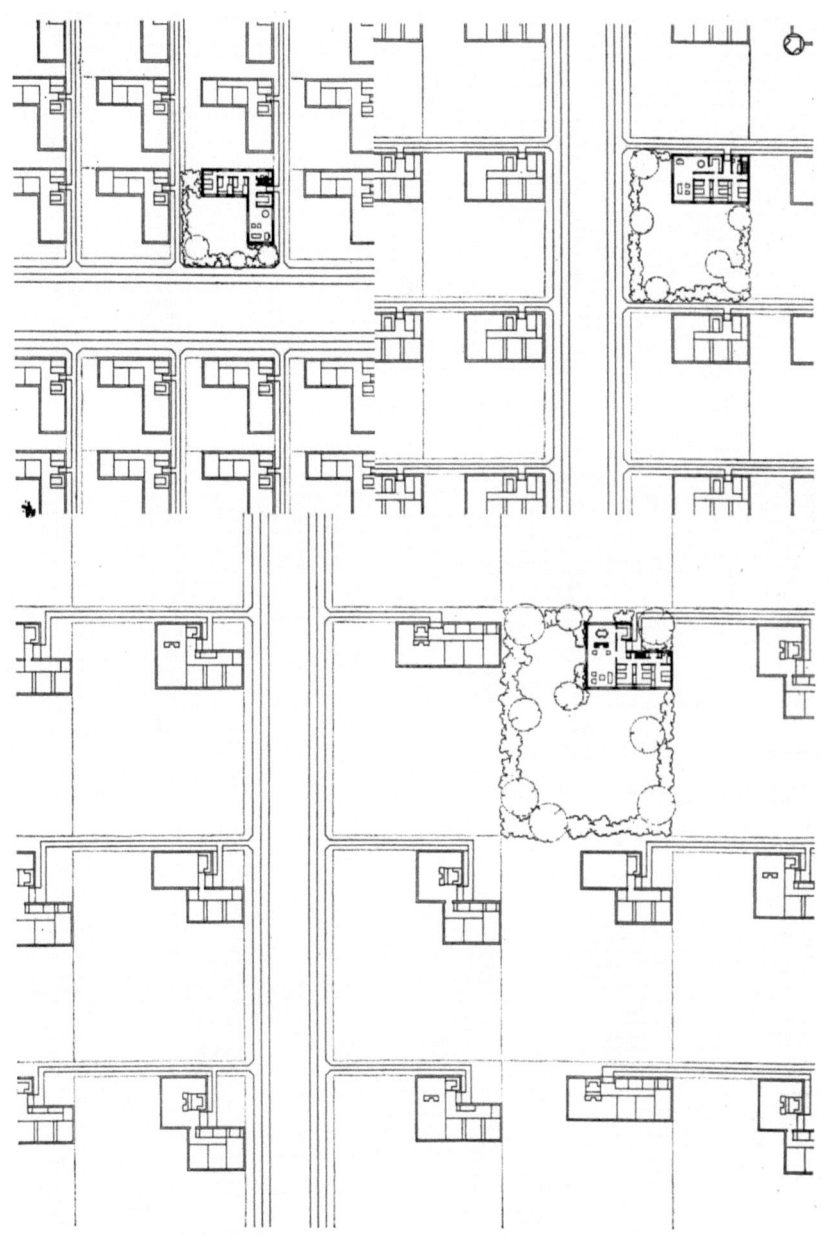

15. Einfluß verschiedener Wohndichten auf den Hausgrundriß

16. Variationen bei gleichbleibender Wohndichte

17. Variationen bei gleichbleibender Wohndichte

18. Variationen bei gleichbleibender Wohndichte

19. Variationen bei gleichbleibender Wohndichte

20. Variationen bei gleichbleibender Wohndichte

21. Variationen bei gleichbleibender Wohndichte

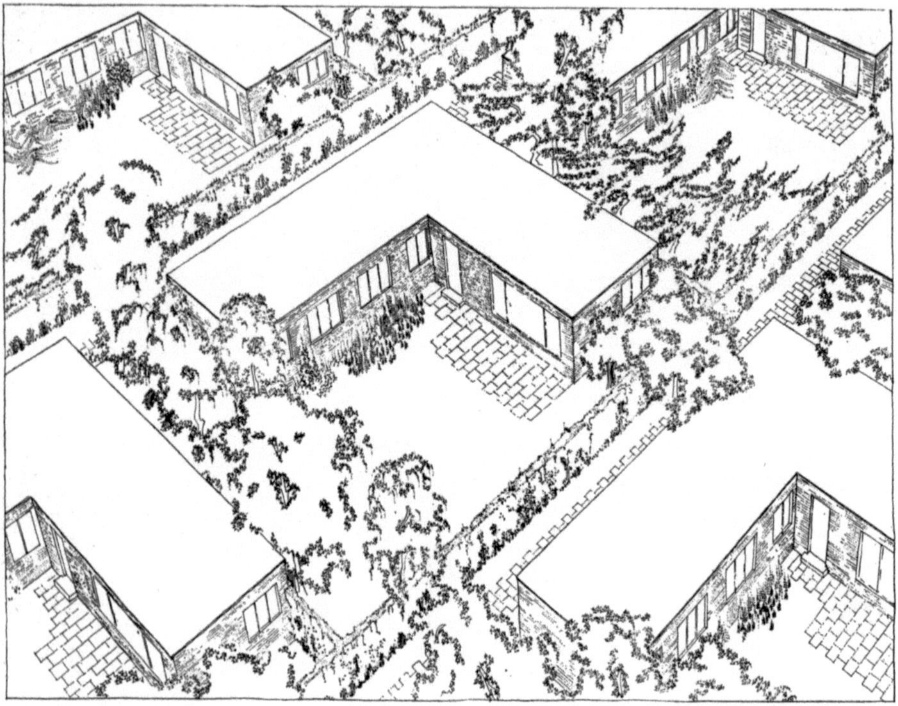

22. L-förmige Häuser

23. Häuser mit Gemüsegarten

24. Mischbebauung. Mietshäuser, gleichmäßig verteilt

25. Blick vom Balkon

26. Mischbebauung. Mietshäuser gleichmäßig verteilt. Blick von der Straße

VIII

Mit der Hochhausstadt, die wir diskutierten und ablehnten, war jedoch ein wichtiges städtebauliches Problem gelöst. Durch eine direkte Beziehung zwischen Arbeitsgebiet und Wohngebiet konnte der lokale Verkehr auf ein Minimum reduziert werden. Ist diese Beziehung des Arbeitsgebiets zum Wohngebiet statt in vertikaler Richtung auch horizontal zu verwirklichen? Diese Frage führte zur Bildung einer neuen Siedlungseinheit, deren wesentliche Teile horizontal zueinander in Beziehung gebracht sind. Die Struktur einer solchen Siedlungseinheit ermöglicht eine allgemeine Lösung für alle Gebiete der Stadt, für die der Arbeit, des Wohnens und der Erholung. Es macht auch eine freie und ungehinderte Erweiterung möglich, da, wenn notwendig, neue Einheiten mit den bereits vorhandenen verbunden werden können. Die verschiedenen Stadtgebiete sind so zueinander geordnet, daß keines auf das andere einen ungünstigen Einfluß ausübt, und sie sind so bemessen, daß ein jedes vom anderen im Fußgängerverkehr zu erreichen ist, der lokale Fahrverkehr daher auf ein Minimum beschränkt wird. Jede Einheit enthält alles für eine Gemeinde Notwendige und macht es möglich, daß sich ihre Bewohner aktiv an den Gemeindeangelegenheiten beteiligen können.

Die Form einer solchen Einheit ist ein Rechteck und so bemessen, daß die Straßen auf ein Minimum reduziert werden können. Das Straßensystem selbst ist differenziert; von den Wohnwegen, die zu den Häusern führen und diese mit den Wohnstraßen verbinden, über die Hauptverkehrsstraßen, die die einzelnen Einheiten miteinander verknüpfen, bis hin zu den Fernstraßen, die die Gemeinden mit anderen verbinden. Alle Wohnstraßen sind an ihren Enden geschlossen, aller Durchgangsverkehr ist so vermieden. Jedes Haus kann mit dem Wagen erreicht werden.

Das fischgrätenförmige Straßensystem, das dadurch entsteht, wurde bereits bei den Griechen angewandt, wie der Plan von Selinunt in Sizilien zeigt. Auch das Mittelalter verwendete es, wie etwa in Kurcula in Dalmatien. Es war Raymond Unwin, der es zuerst in unserer Zeit für ein Siedlungsprojekt anwandte. Clarence Stein und Henry Wright benutzten es für Radburn, New York. Auch für städtebauliche Planungen wurde es angewandt. So von Frank Lloyd Wright, Hans Ludwig Sierks und Peter Friedrich. Da dieses Straßensystem nicht nur verhältnismäßig gefahrlos, sondern auch wirtschaftlich ist, kommt es mehr und mehr zur Anwendung.

In der Siedlungseinheit ist das Wohngebiet an drei Seiten vom Erholungsgebiet umgeben, in dem die Schulen mit ihren Spielplätzen und andere Gemeindebauten liegen. Das Erholungsgebiet kann man erreichen, ohne eine Straße kreuzen zu müssen. Das Arbeitsgebiet für Handel und Verwaltung liegt zwischen dem Wohngebiet und der Hauptverkehrsstraße. Auf der anderen Seite dieser Straße befindet sich das Industriegebiet, das, wenn notwendig, erweitert werden kann. Wenn eine solche Erweiterung nicht nötig sein sollte, kann das Industriegebiet zwischen den Gebäuden für Handel und Verwaltung und der Hauptverkehrsstraße angeordnet werden, wie dies bei der Siedlungseinheit geschehen ist, deren Straßensystem durch den Einfluß der Topographie des Geländes modifiziert wurde. Eine andere Variation der Siedlungseinheit zeigt die kleine Stadt, deren Erholungsgebiet sich im Innern der Einheit befindet und in dem ein kleiner See liegt. Die Straßen des Wohngebiets führen alle in verschiedener Richtung auf diesen See zu. Beide Variationen der Siedlungseinheit zeigen, wie abwandlungsfähig sie sind und wie sie allen Gegebenheiten angepaßt werden können.

Die Zahl der Bewohner einer solchen Einheit ist durch verschiedene Faktoren bestimmt. Die Einheit sollte groß genug sein, um den Ansprüchen sowohl des Individuums als auch der Gesellschaft zu genügen. Sie sollte Abwechslung im Leben und in der Arbeit ermöglichen. Die Arbeit, die in Fabriken, Werkstätten und Büros auszuführen ist, hat also einen entscheidenden Einfluß. Eine solche Einheit sollte auch die notwendigen kulturellen und hygienischen Einrichtungen haben. Gleichzeitig sollte die Bewohnerzahl so begrenzt sein, daß ein organisches und demokratisches Gemeindeleben möglich ist. Jeder Einwohner sollte sich an den Gemeindeangelegenheiten beteiligen können. Die Bevölkerungsdichte einer Einheit kann verschieden sein, sie sollte jedoch nie bestimmten Grenzen überschreiten.

Die Gebäude für das Industriegebiet einer Siedlungseinheit werden bestimmt durch die Funktion, die sie zu erfüllen haben; ein Gleiches gilt für den Bauten für Handel und Verwaltung. Für das Wohngebiet ist die Mischbebauung das gegebene; sie kann in den verschiedensten Variationen ausgeführt werden.

Um die günstigste Lage der Räume zur Sonne zu ermöglichen, kann man die Einheiten selbst so anordnen, daß diese Orientierung möglich wird, oder man legt die Wohnstraßen und Wege, die zu den Häusern führen, so an, daß ein entsprechender Winkel entsteht. Wenn gewünscht, kann jedes Haus seine eigene Garage haben; dann sind aber besondere Wege anzulegen, auf denen der umgebende Park, in dem die Schulen sind, gefahrlos zu erreichen ist. Besser jedoch wären gemeinsame Garagen oder Parkplätze.

Die Schulen dieser Einheiten erhalten eine neue Bedeutung: sie werden zum Gemeindezentrum. Ihre Auditorien können für Zusammenkünfte, Vorstellungen und Konzerte benutzt werden. Ihre Bibliotheken dienen nicht nur den Kindern, sondern auch den Erwachsenen. Ihre Hallen können für Ausstellungen und auch andere Zwecke benutzt werden.

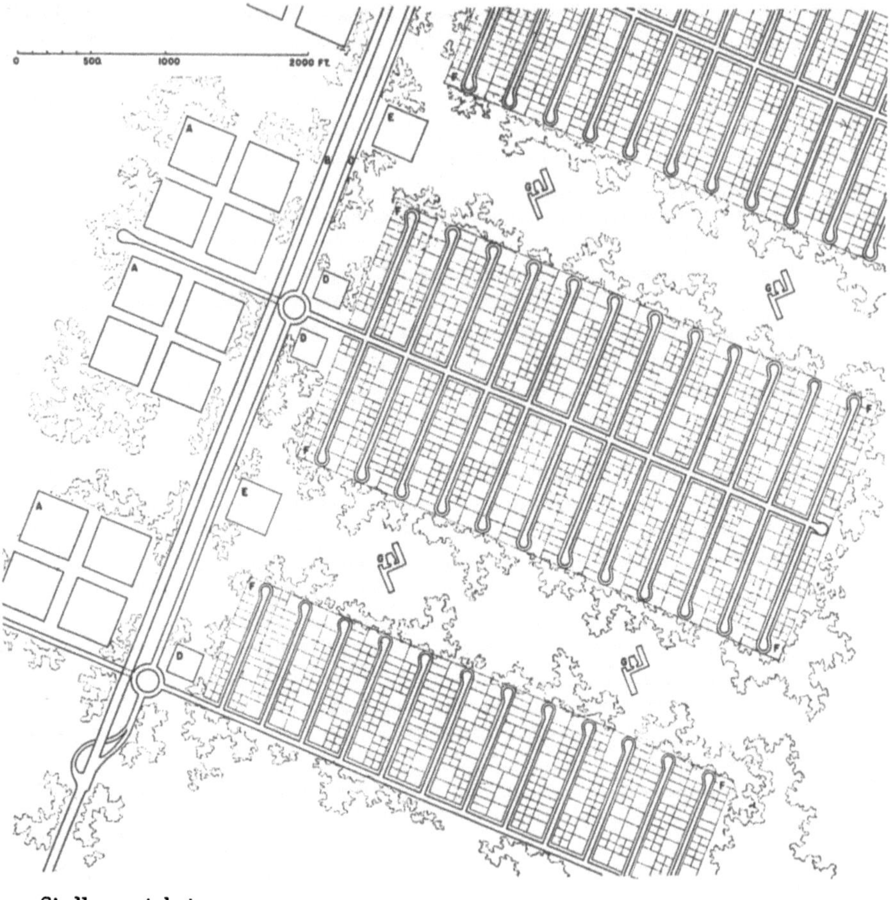

27. Siedlungseinheit

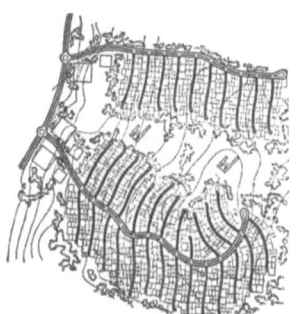

28. Siedlungseinheit, der Topographie angepaßt

A Industrie
B Haupt-
   verkehrsstraße
C lokale Verkehrsstraße
D Geschäfts- und
   Verwaltungsgebäude
E Einkaufszentrum
F Wohngebiet
G Schulen

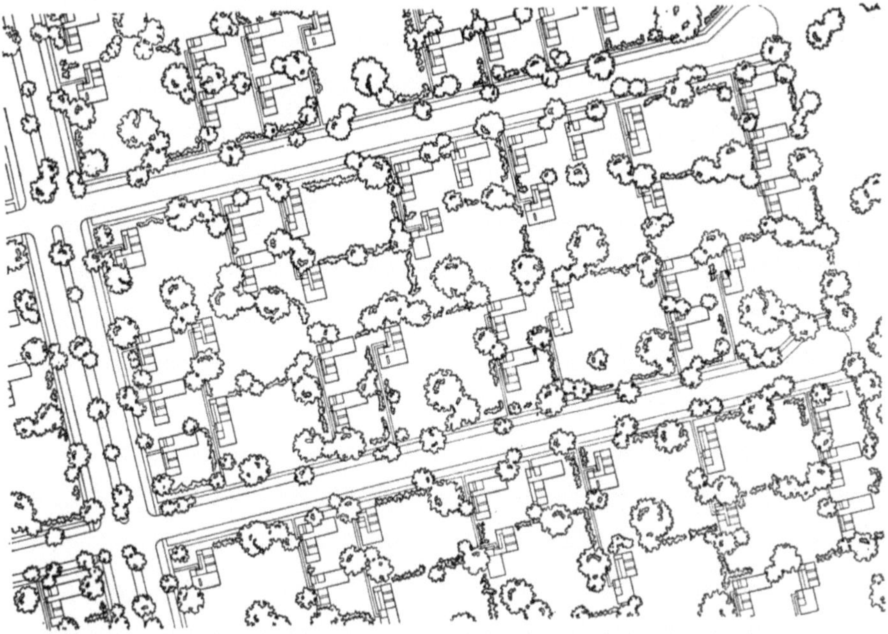

29. Details von Siedlungseinheiten

30. Eine Reihe von Siedlungseinheiten in der Landschaft

31. Schule, Ansicht

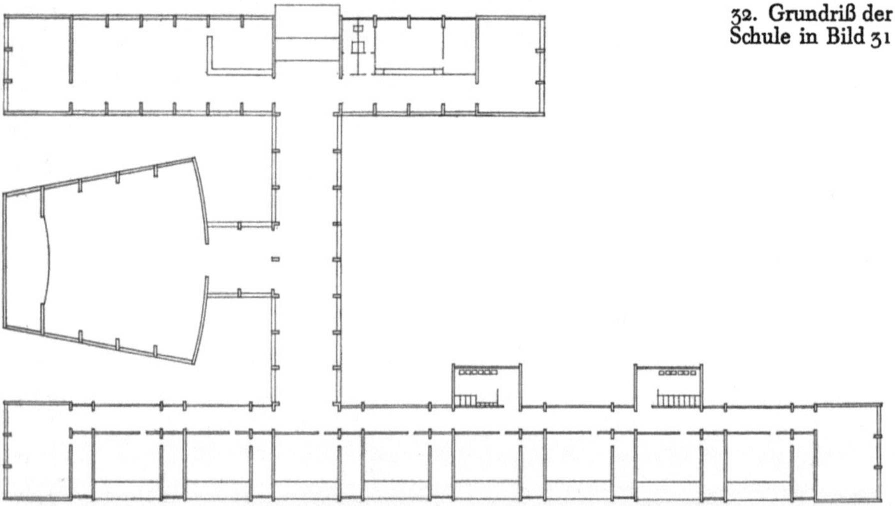

32. Grundriß der Schule in Bild 31

33. Fächerförmige Gemeinde. Form bedingt durch die vorherrschenden Winde

IX

33 Die Industrien dieser Einheiten verursachen keine Luftverunreinigung. Sind sie aber verunreinigend, dann müssen die dazugehörigen Wohngebiete entsprechend den vorherrschenden Winden geplant werden. Die Ausdehnung der Luftverunreinigung kann diagrammatisch in einem Kreis dargestellt werden, dessen Radius durch die Windgeschwindigkeit bestimmt ist. Die Störzone wird für jede geographische Lage eine verschiedene sein. Wenn das verunreinigende Gebiet weniger als ein Halbkreis ist, können die Einheiten
34 in Reihen angeordnet werden. Ist es aber größer als ein Halbkreis, dann muß man die Einheiten fächerförmig anordnen.

Manche Industrien sind voneinander abhängig und müssen daher miteinander verbunden sein. Wenn die Windverhältnisse es erlauben, können die dazugehörigen Wohngebiete so angeordnet werden, daß sie durch Fußgängerverkehr erreichbar sind. Wenn die Windverhältnisse das jedoch unmöglich machen, müssen Arbeits- und Wohngebiet voneinander getrennt und
35 mit mechanischen Verkehrsmitteln miteinander verbunden werden.

X

28 Diese Siedlungseinheiten sind nicht nur abwandelbar in sich selbst, sie können auch den verschiedensten Gegebenheiten angepaßt werden. Sie können nicht nur in Reihen angeordnet, sondern auch zu abgeschlossenen großen oder kleineren Gemeinden vereinigt werden. Wie viele man auch auf diese Weise vereinigt, die vorteilhafte Anordnung und Beziehung der verschiedenen Gebiete zueinander wird immer erhalten bleiben. Auch größere Zusammenfassungen — Stadtaggregate — können mit diesen Siedlungseinheiten geplant werden. Sie können formalen Charakter haben, was gewisse Einschränkungen zur Folge haben wird; sie können aber auch frei von solchem Formalismus sein und daher so variabel, daß jede Gemeindegröße möglich ist.

Um diese Aggregate können kleine landwirtschaftliche Gehöfte liegen, die den Kurzarbeitern ein zusätzliches Einkommen ermöglichen.

Mit beiden, mit den Gemeinden und auch mit den Stadtaggregaten, sind

kleine wie große Städte zu planen. Sie sind gleichermaßen auch ein Mittel, um größere Städte zu dezentralisieren.
Die folgenden Studien zeigen die Anwendung dieser Planungselemente in verschiedenster Weise, modifiziert durch topographische und geographische Gegebenheiten.
Diese Studien demonstrieren auch die weitgehende Variationsfähigkeit dieser Elemente.

36
37

XI

In einigen dieser Studien wird die Neuplanung von Städten mehr oder weniger abstrakt behandelt, jedoch berücksichtigt jede Planung die besondere Lage und die spezielle Funktion der Stadt. Zweifellos wird diese Art der Behandlung auf großen Widerstand stoßen, jedoch die verschiedenen Studien der Umplanung für Montreal zeigen, daß auch solche Planungen allmählich durchaus realisierbar sind und ihren endgültigen Zweck erfüllen können.
Andere Studien, in der Mehrzahl theoretische, beschäftigen sich mit der Anlage neuer Städte. Die Wahl der Lage und die Berücksichtigung ihrer topographischen und geographischen Charakteristika mindert den rein theoretischen Charakter dieser Studien.
Einige Pläne zeigen die Neuordnung bestehender Städte und sind insofern realistischer, als die bestehende Stadt mit ihren Straßen, Gebäuden und Verkehrsmitteln für die Neuplanung soweit wie möglich nutzbar gemacht wird.
Das Ziel ist ihre Umformung in einen gut funktionierenden Stadtorganismus, in dem jeder Teil in geordneter Beziehung zu den anderen Teilen und zum Ganzen steht, wobei kein Teil einen hindernden Einfluß auf den anderen hat.
Zum Schluß werden wir die speziellen Planungsvorschläge für die landwirtschaftlichen und die industriellen Regionen diskutieren.
Diese Pläne zeigen, wie die von mir entwickelten Ideen für die Stadt unseres Zeitalters allmählich verwirklicht werden könnten. Sie sind in Übereinstimmung mit den technischen Mitteln unserer Zeit. Sie wollen eine Neuordnung in das Chaos bringen, das aus dem Zusammenstoß der veralteten Stadt mit den heutigen technischen Mitteln entstanden ist.

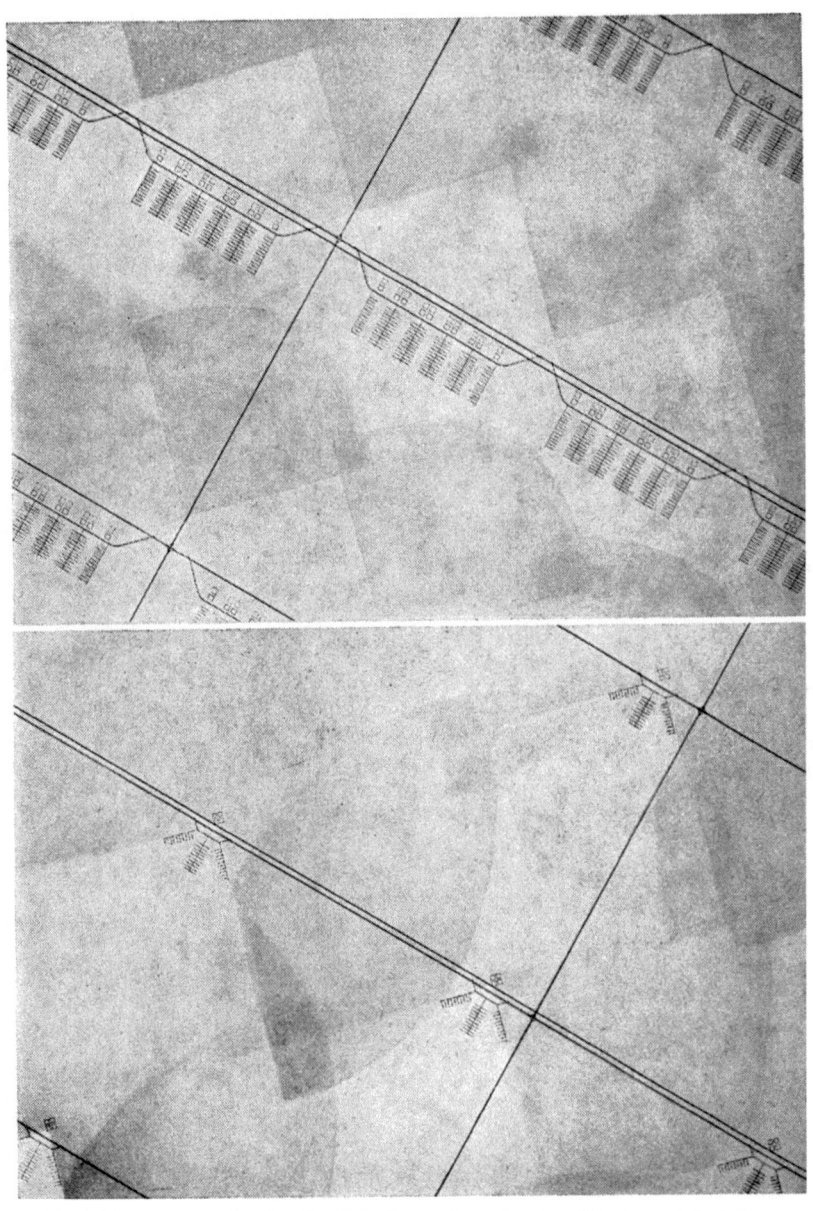

34. Zwei Diagramme, die den Einfluß der vorherrschenden Winde auf die Wohngebiete durch die luftverunreinigenden Industrien zeigen

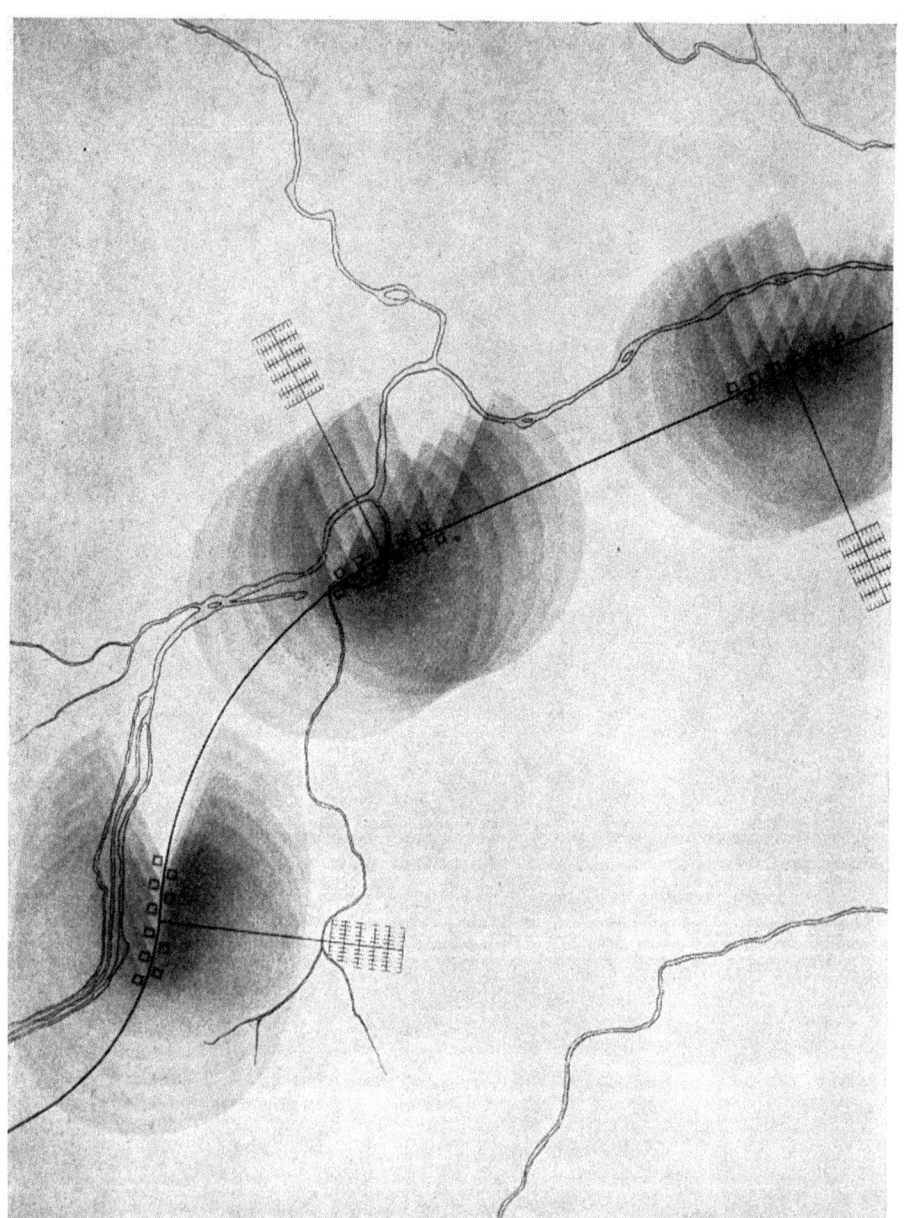

35. Die aus Produktionsgründen zusammengefaßte Industrie bedingt in Verbindung mit den vorherrschenden Winden eine Trennung der Wohngebiete von den Arbeitsgebieten

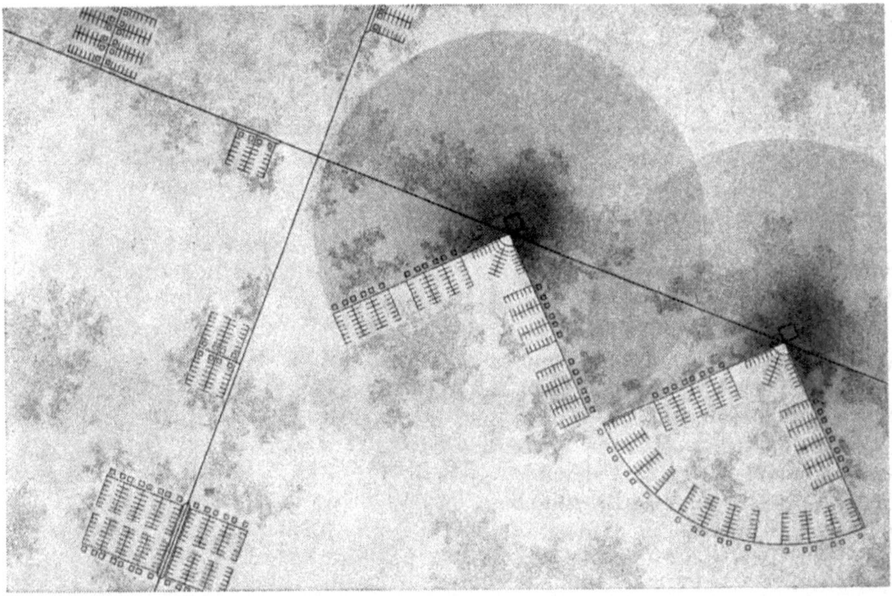

36. Gemeinden, verschieden in Größe und Form

37. Geschäftsgebiet, Vogelschau

XII

Der Plan für Dessau wurde im letzten Jahre des Bestehens des Bauhauses gemacht (1932) und war der erste, der die neuen Planungsprinzipien anwandte. Dessau wurde im 12. Jahrhundert als eine Bauern- und Handwerker-Kolonie gegründet. Die Stadt liegt an einer alten Nord-Süd-Straße, auf einer leichten Erhöhung, die es gegen die Flußüberschwemmungen schützt. Im 14. Jahrhundert wurde sie der Sitz eines Fürsten und entwikkelte sich allmählich zur Hauptstadt eines kleinen Territorialstaates. Im 19. Jahrhundert wurde es eine Industriestadt, und die Wohngebiete, die allmählich mit der Industrie entstanden, hatten unter starker Luftverunreinigung zu leiden.
Der damalige Zustand der Wohngebiete war sehr schlecht. Ein großer Teil der Stadt hatte Slumcharakter, auch lagen einige Teile in einem Überschwemmungsgebiet. Die Bahnlinien waren auf gleicher Ebene wie die Straße, den Verkehr stark behindernd, während die Hauptverkehrsstraße die Stadt unregelmäßig durchschnitt, was die Ursache zahlreicher Unfälle war. Nur eine völlige Neuplanung konnte die Mißstände in dieser Stadt beseitigen.
Die verschiedenen Stadtgebiete waren in Beziehung zueinander zu bringen und sollten jeweils im Fußgängerverkehr zu erreichen sein.
Die Lage der Industrie und der Wohngebiete mußte durch die vorherrschenden Winde bestimmt werden. Die Verkehrsstraßen waren so anzuordnen, daß sie jedwede Verkehrsstörung ausschlossen.
In der unteren linken Ecke der Abbildung der neu geplanten Stadt sind drei Diagramme. Das obere zeigt den geschilderten Stand der Stadt, das untere linke zeigt die mögliche Anordnung des Wohngebietes zum bestehenden Industriegebiet. Beide Gebiete können vergrößert werden, jedoch würden sie dann nicht mehr im Fußgängerverkehr erreichbar sein. Das Diagramm rechts zeigt eine bandartige Entwicklung, in der Wohngebiet und Industriegebiet in richtige Beziehung zueinander gebracht sind. Diese bandartige Entwicklung hat außerdem den Vorteil, daß jedes Gebiet erweitert werden kann, ohne daß die notwendige Beziehung zu anderen Gebieten aufgehoben wird. Die Neuplanung der Stadt ist diesem Diagramm zugrunde gelegt.
In dem Plan ist das Stadtband in Gemeinden aufgeteilt. Jede besteht aus vier Siedlungseinheiten. In den Parks zwischen den Einheiten sind die notwendigen Schulen untergebracht. In östlicher Richtung sind die Geschäfts- und Verwaltungsgebäude. Dann folgen die Verkehrswege, Eisenbahnen und Hauptverkehrsstraße, und dann das Industriegebiet. Die Hauptstraßen der Einheiten sind mit der örtlichen Verkehrsstraße verbunden, die parallel zur Hauptverkehrsstraße läuft und an jedem Ende der Gemeinde mit ihr ver-

bunden ist. Das Industriegebiet liegt östlich von der Verkehrsstraße und im Abwind, um das Wohngebiet vor Luftverunreinigung zu schützen.
Ich besprach diesen Plan für Dessau mit Martin Mächler, dem Städtebauer, und Alexander Schwab, dem Soziologen. Sie waren der Meinung, daß er sich für eine kleine Stadt eigne, hielten jedoch die Anwendbarkeit seiner Prinzipien für eine Großstadt wie Berlin nicht für möglich, eine Stadt, für die Mächler eine diagrammatische Lösung vorschlug, die die mannigfachen Probleme einer Metropole zu berücksichtigen suchte.
Um Schwab und Mächler von der Möglichkeit des Plans für eine Großstadt zu überzeugen, machte ich verschiedene Planungsdiagramme, die auf allgemeine Weise die gestellten Probleme und die Möglichkeit ihrer Lösung beinhalteten.
Eines dieser Planungsdiagramme zeigt einen dem Gebiet einer Großstadt überlagerten schematischen Plan. Damit sollte dargestellt werden, wie eine große Metropole, die Hauptstadt eines Industriestaates, inmitten der offenen Landschaft liegen und von dieser Landschaft durchdrungen werden kann. Alle Nachteile der Großstadt sind vermieden und alle ihre Vorteile beibehalten. Das Diagramm ist linear in seiner Struktur. Es besteht aus Aggregaten, die verschiedenen Funktionen dienen. Sie basieren auf den Siedlungseinheiten, die sie zusammenfassen, wie die Details zeigen. Einige dieser Aggregate haben eine Bevölkerung von 250 000 Menschen, die Wohngebiete liegen auf beiden Seiten der Arbeitsgebiete. Bei anderen Aggregaten mit nur 125 000 Bewohnern sind die Wohngebiete nur auf einer Seite des Arbeitsgebiets angeordnet. In beiden Fällen sind die Wohn- und Arbeitsgebiete im Fußgängerverkehr untereinander zu erreichen. Die Bevölkerungsdichte ist 200 Personen pro Hektar.
Nach Westen zu liegen vier große Aggregate, die in ost-westlicher Richtung verlaufen. Zwei davon sind für Regierung und Verwaltung, die beiden übrigen für Handel und Bankwesen bestimmt.
Alle anderen Aggregate laufen nord-südlich. Die acht größeren dienen dem Handel und der Manufaktur. Die kleineren, mit Wohngebieten nur an einer Seite, enthalten die luftverunreinigenden Industrien.
Ein System von Bahnlinien und Verkehrsstraßen verbindet die einzelnen Aggregate miteinander, mit der Metropole selbst und mit den Fernverkehrslinien, die nord-südlich und ost-westlich laufen. Dieses Verkehrssystem schließt die dezentralisierte Großstadt zusammen.
Bei einem solchen linearen Plan können neue Einheiten, wo immer notwendig, angefügt werden.
Die Starrheit dieses Plans ist offensichtlich. Dennoch ist er, trotz seiner Unzulänglichkeiten, durch die horizontale Verbindung von Wohn- und Arbeitsstätte im Fußgängerverkehr dem ersten Plan für eine Metropole mit der vertikalen Beziehung von Wohn- und Arbeitsgebiet weit überlegen. Es war ein entschiedener Schritt vorwärts zu dem Ziel, das ich erreichen wollte, aber noch keine zufriedenstellende Lösung des Problems.

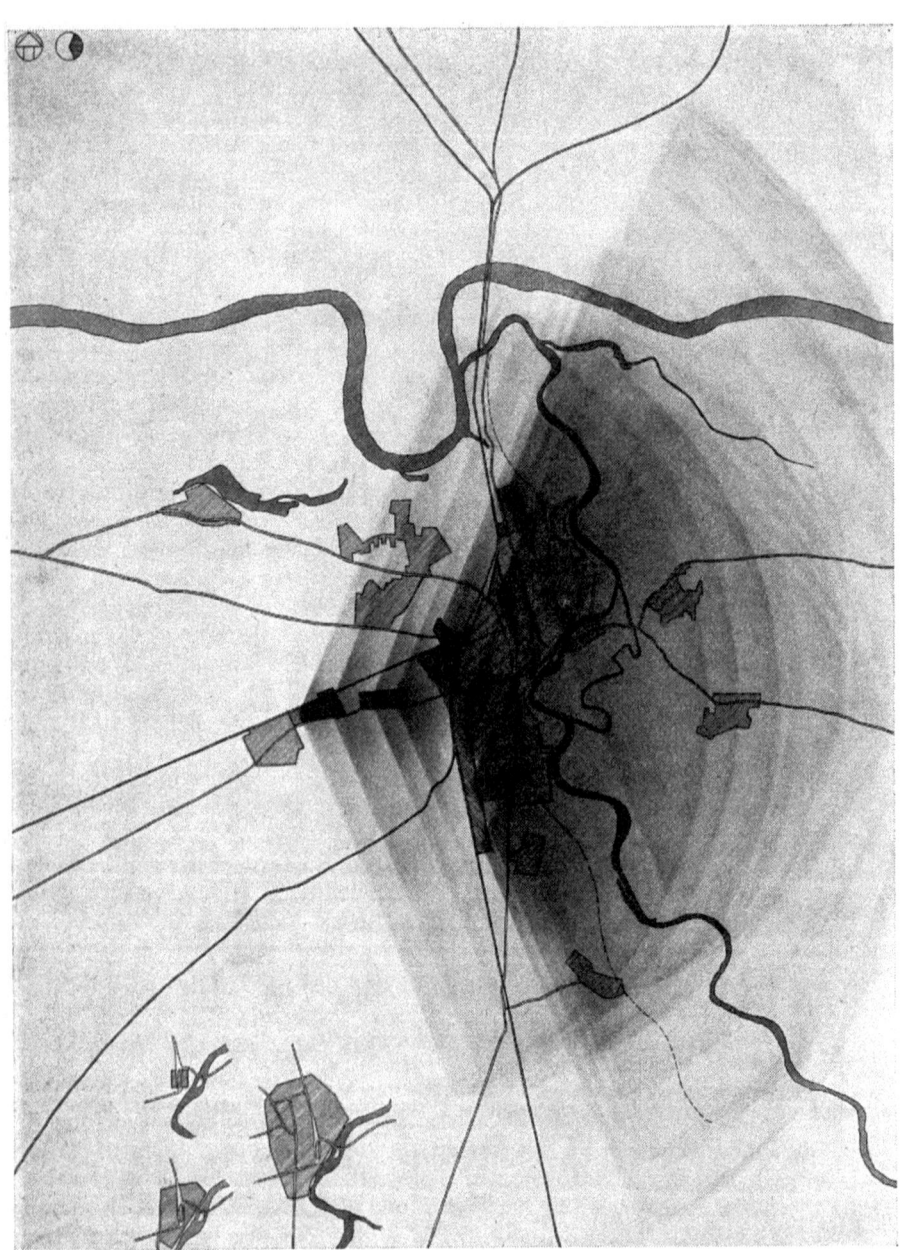

38. Dessau, Ausgangszustand

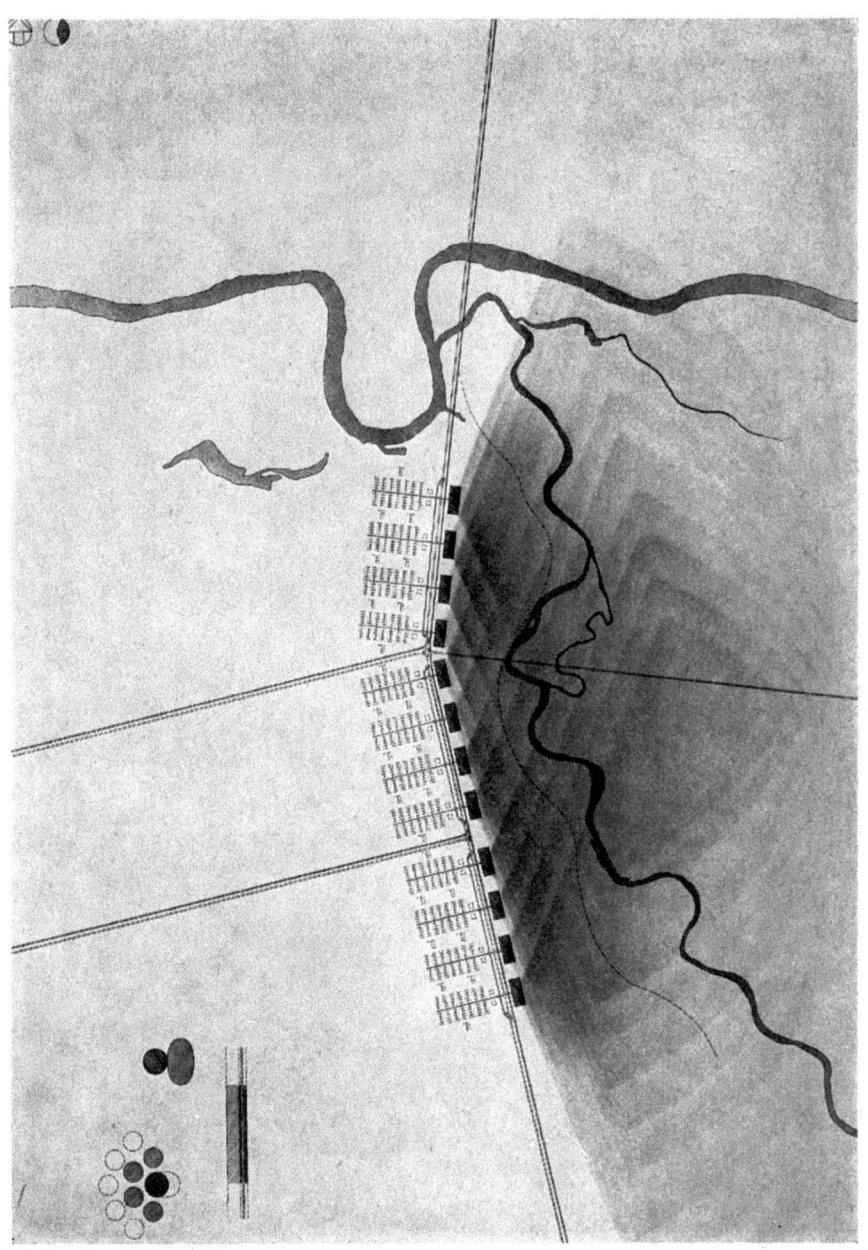

39. Dessau, Neuplanung

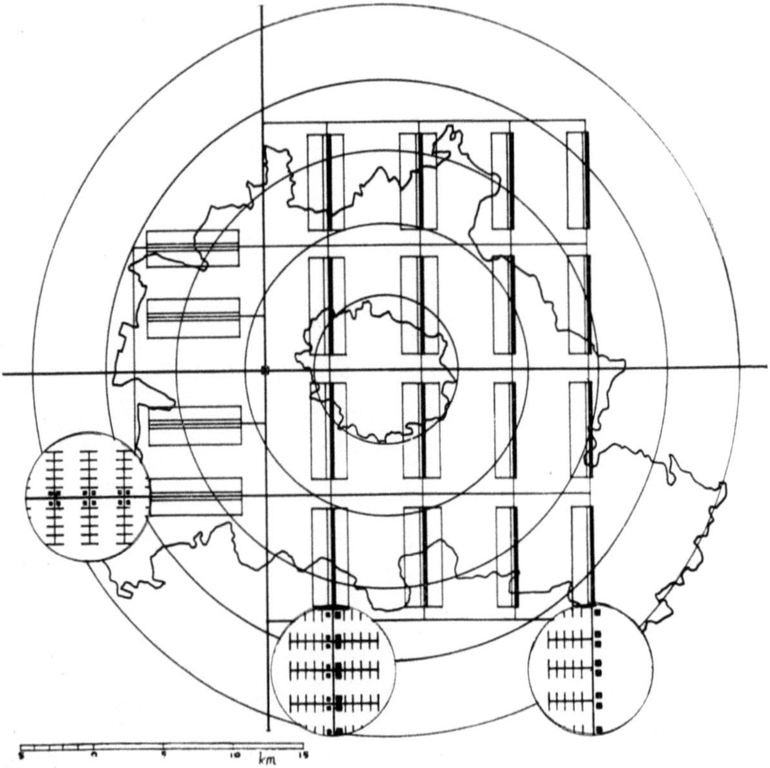

40. Dezentralisierte Großstadt

41. Dezentralisierte Großstadt. Verwaltungs- und Geschäftsgebiet

XIII

Chicago ist eine Großstadt, die verschiedene Funktionen zu erfüllen hat. Es ist heute sowohl ein Zentrum für Finanz und Handel als auch ein industrielles Zentrum. Die Lage der Stadt zwischen der Kohle im Süden und dem Eisenerz im Norden machte sie zu einem Mittelpunkt der Schwerindustrie. Zuvor jedoch war Chicago der Markt für ein reiches landwirtschaftliches Hinterland und der Platz für den Austausch der landwirtschaftlichen Produkte gegen industrielle Güter, die im amerikanischen Osten produziert wurden. Erst in der Folge begann Chicago seine eigenen Industrien zu entwickeln. Es wuchs rapide mit dem Aufkommen der Eisenbahnen und wurde bald eines der wichtigsten Eisenbahnzentren und eine große Industriestadt.
Industrie und Eisenbahn machten Chicago zu dem, was es ist. Das rapide Wachstum der Stadt brachte große Nachteile mit sich. Man war der Entwicklung nicht mehr gewachsen, und das Resultat waren Slums, Luftverunreinigung, Verkehrsunfälle, Krankheiten und Verbrechen. Die entstehenden und sich schnell ausbreitenden Vorortsiedlungen verursachten eine solch enorme Belastung der Verkehrsstränge, daß heute der Raum weder für den fahrenden noch für den ruhenden Verkehr ausreicht.

42 Wie weit die Slumzustände in Chicago gehen, zeigt eine von der Chicagoer Planungs-Kommission aufgestellte Bestandsaufnahme. Aus ihr ist ersichtlich, wie sich die Lage von Industrie, Eisenbahn und Handelsgebiet auf die Wohnquartiere auswirkt. Dort, wo die Wohngebiete engen Kontakt mit der Industrie haben, ist der Slumcharakter am ausgeprägtesten. Fast ein Viertel des gesamten Stadtraumes ist hinfällig und muß als Slum bezeichnet werden. Die zahlreichen Probleme Chicagos sind nur durch eine vollständige Umplanung zu lösen. Die verschiedenen Gebiete müssen in geeignete Beziehung zueinander gebracht und durch ein entsprechendes Verkehrsnetz miteinander verbunden werden, und zwar so, daß kein Teil einen ungünstigen Einfluß auf den anderen ausüben kann. Die hier beigegebenen Skizzen und Pläne zeigen die verschiedenen Möglichkeiten, wie dieses Ziel zu erreichen ist.

43 Die erste Skizze ist einer der vielen Pläne, die ich gleich nach meiner Ankunft in Chicago machte. Er besteht aus einem verschiedentlich unterteilten Band entlang dem Michigansee. Nach Norden, längs der lokalen Verkehrsstraße und dem See am nächsten, liegt das Geschäftsgebiet, dem ein paralleles Band mit erweiterungsfähigen Manufaktur-Industrien folgt. Im rechten Winkel dazu sind kurze Reihen von Industrien angeordnet, für die eine Erweiterungsmöglichkeit nicht vorzusehen ist. Dann folgen in entsprechender Entfernung die luftverunreinigenden Industrien. Die dreieckige Form dieses Gebiets ist durch die vorherrschenden Winde bestimmt. Alle die zu

53

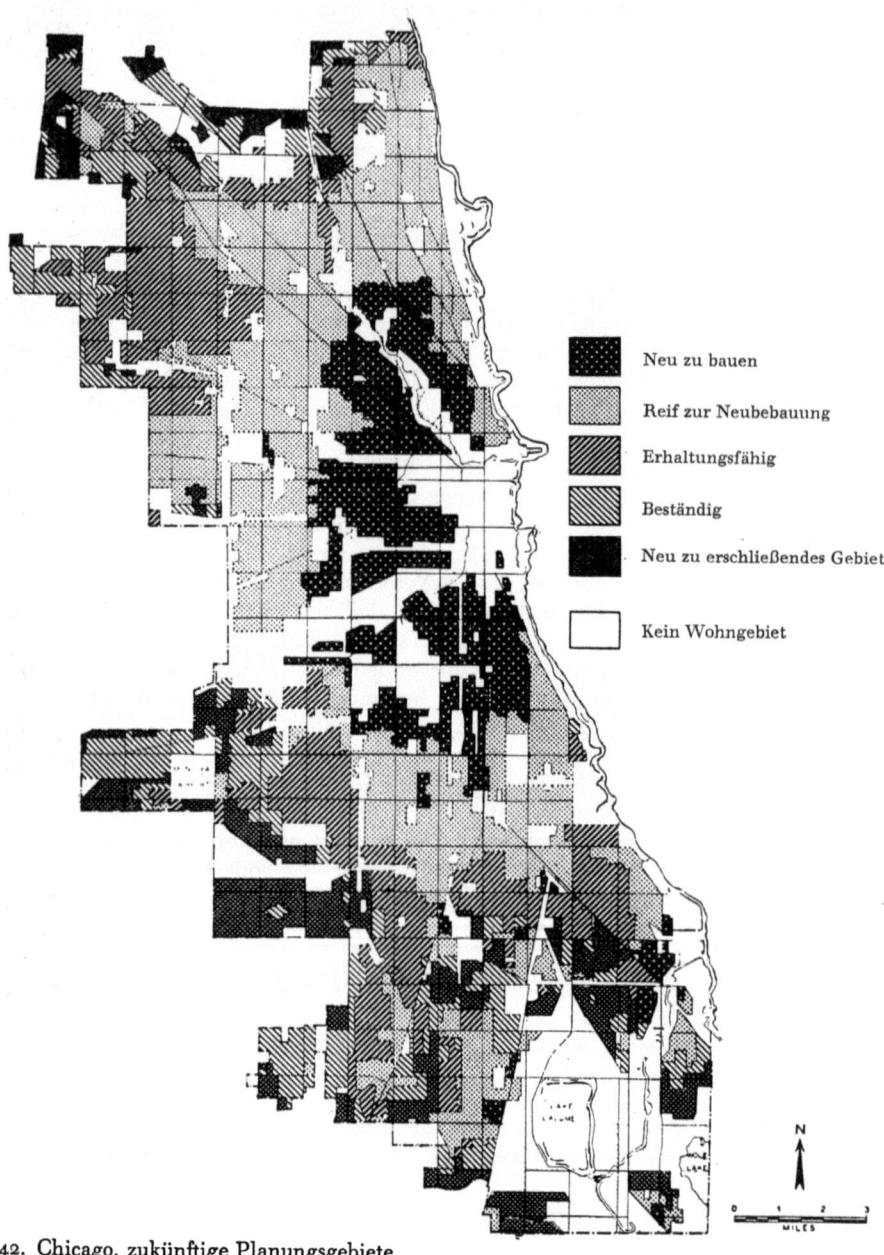

42. Chicago, zukünftige Planungsgebiete

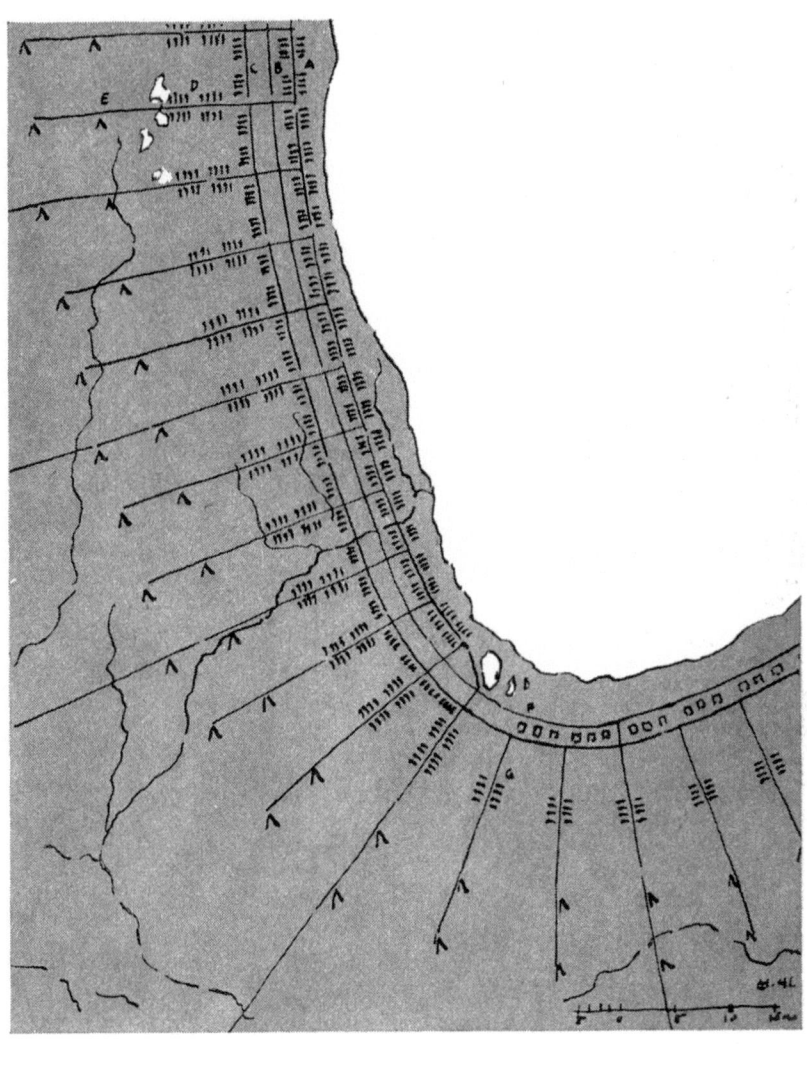

43. Chicago, Planskizze

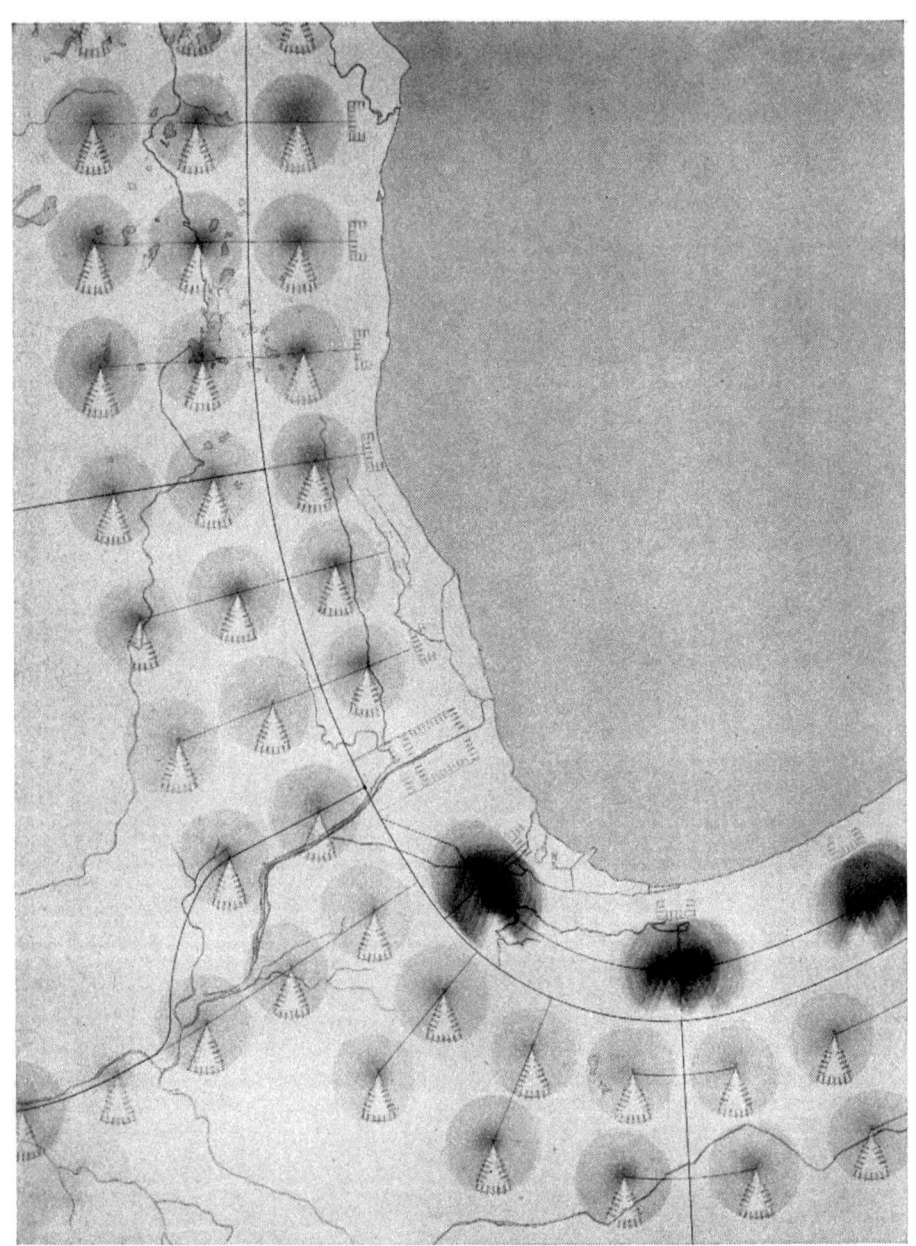

44. Chicago, Plan mit fächerförmigen Gemeinden

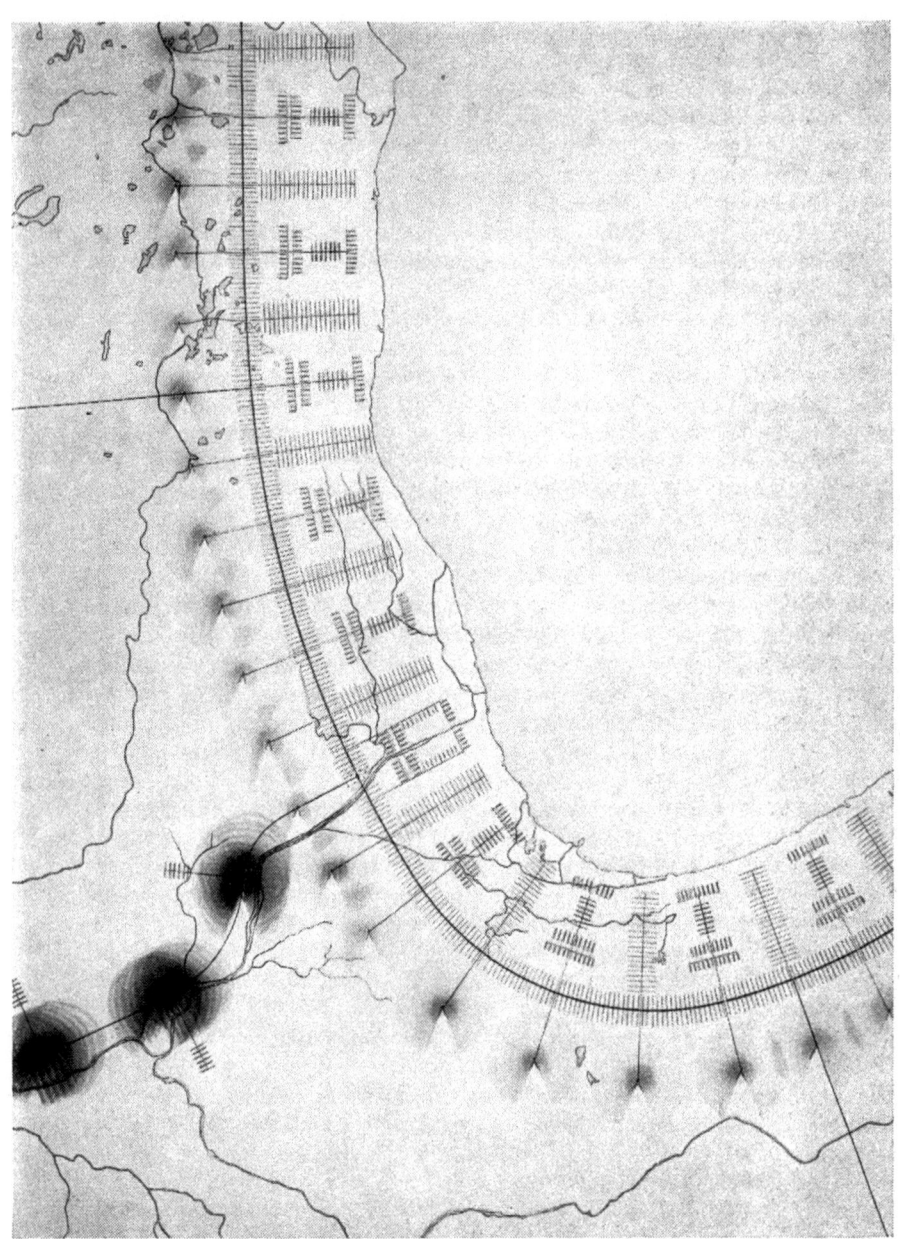

45. Chicago, Plan mit Stadtaggregaten, umgeben von kleinen Gehöften

diesen verschiedenen Arbeitsgebieten gehörigen Wohngebiete sind direkt im Fußgängerverkehr zu erreichen, mit Ausnahme des Gebietes der Schwerindustrie. Es liegt im Süden, entlang dem See, zwischen der Hauptverkehrsader und der lokalen Verkehrsstraße. Die zugehörigen Wohngebiete sind in diesem Fall wegen der vorherrschenden Winde abgetrennt und liegen in einiger Entfernung südlich der Schwerindustrie, aber durch ausreichende Verkehrsmittel mit ihr verbunden.
Zwischen dem Geschäftsgebiet und den erweiterungsfähigen Industrien verläuft die Hauptverkehrsader, die aus Fernverkehrs-Eisenbahnen und der Autobahn besteht.

Der nächste Plan von Chicago, mit fächerförmig angeordneten Gemeinden, ist von dem vorhergehenden völlig verschieden. Die industriellen Gebiete, mit ihrem Wohngebiet, sind in drei Reihen, parallel zu der Hauptverkehrslinie und am Illinoisfluß entlang, angeordnet. Ihre Form ist durch die vorherrschenden Winde bestimmt. Sie enthalten, außer den luftverunreinigenden Industrien an ihrer Spitze, andere und verwandte Industrien. Infolge ihrer Lage können alle diese Industrien, wenn nötig, erweitert werden. Eine Unterscheidung zwischen der Lage der erweiterungsfähigen und der nicht erweiterungsfähigen Industrien ist daher nicht notwendig. Die Schwerindustrie bleibt an ihrem gegenwärtigen Standort im Süden, nahe am See. Sie ist in voneinander getrennten Gruppen angelegt. Die dazugehörigen Wohngebiete liegen am See und in entsprechender Entfernung.

Das zentrale Geschäfts- und Verwaltungsgebiet bleibt ebenfalls an seinem gegenwärtigen Standort. Es ist jedoch anders in der Form. Am See entlang liegen besondere Wohngebiete, von denen jedes zu einer Gruppe von drei fächerförmigen Gemeinden gehört, mit denen sie durch eine Straße, die die Hauptverkehrslinie kreuzt, verbunden sind.

In einem andern Plan von Chicago, der aus Stadtaggregaten besteht, sind diese Aggregate zwischen dem Seeufer und der Hauptverkehrslinie gelegen. Sie setzen sich zusammen aus einem Geschäftsgebiet, zwei Gebieten mit erweiterungsfähigen und einem Gebiet mit nicht erweiterungsfähigen Industrien. Der Hauptverkehrslinie gegenüber liegen die luftverunreinigenden Industrien. Um diese Aggregate herum reiht sich auf drei Seiten ein Band kleiner Gehöfte für Kurzarbeiter, die ihren Unterhalt als selbstversorgende Landwirte vermehren können. Das zentrale Geschäfts- und Verwaltungsgebiet bleibt in seiner jetzigen Lage. Die Schwerindustrie liegt entlang des Illinoisflusses.

Die Vogelperspektive von Chicago zeigt die Lage der Stadt und ihre Verbundenheit mit der Landwirtschaft. Ihre Struktur ist ähnlich der auf dem skizzierten Plan, nur sind die Gemeinden nicht vertikal, sondern parallel der Hauptverkehrslinie angeordnet.
Dieser Blick macht deutlich, wie die Stadt ein Teil der Landschaft mit Feldern, Wiesen und Wald werden kann. Die Landschaft durchdringt die Stadt überall und wird ein Teil von ihr.

Die folgenden Studien zeigen Stadtanlagen auf bisher nicht benutztem Grund und Boden. Sie konnten mit größter Freiheit entwickelt werden und veranschaulichen, wie diese Planungselemente auf die verschiedenartigste Weise anzuwenden sind. Die einzigen Beschränkungen werden durch die topographischen und geographischen Gegebenheiten des jeweiligen Geländes auferlegt.

47 Das in dem Plan für Chicago angewandte Aggregat hat einen recht formalen Charakter. In großem Kontrast dazu steht die Struktur eines Aggregats, wie es für die Siedlung am Fluß erarbeitet wurde. Solche Aggregate können jede Dimension haben, ihre Teile können in den verschiedensten Verhältnissen zueinander stehen; sie können dicht beieinander oder weit entfernt voneinander sein. Einige dieser Aggregate sind mit fächerförmigen Gemeinden verbunden, in denen die luftverunreinigenden Industrien liegen. Andere sind als Handels-, Verwaltungs- oder kulturelle Gebiete geplant. Die besondere Struktur dieser Aggregate gestattet ihre Abwandlung und Ausdehnung. Sie schafft außerdem eine enge Verbindung zwischen Industrie und Landwirtschaft. Auf der einen Seite des Arbeitsgebiets ist das übliche Wohngebiet mit Häusern und dazugehörigen Gärten, auf der anderen stehen kleine Gehöfte für die Kurzarbeiter in der Industrie. Den Fluß entlang zieht sich ein Park.

48 Die Ebene, in der Chicago liegt, macht die Anlage von fächerförmigen Gemeinden in Parallelreihen möglich. In der auf hügeligem Gelände entwickelten Siedlung bestimmt diese Topographie die Lage der fächerförmigen Gemeinden. Sie sind um eine leichte Vertiefung den Höhenlinien entlang angeordnet. Im Anschluß an sie, um einen kleinen See herum, liegen die Handels-, Verwaltungs- und kulturellen Gebiete dieser Gemeinden.

49 Eine andere Studie galt einer Stadtanlage in einem Flußtal. Die Industrie, die luftverunreinigende wie auch die, die nicht auf diese Weise stört, liegt im Tal dicht am Fluß. Das Zentrum für Handel, Verwaltung und Kultur ist höher gelegen. Auch in dieser Studie bestimmt die Topographie des Geländes die Anordnung der verschiedenen Einheiten.

50 Eine andere Siedlung, an einem Fluß und seinen Zuflüssen entlang gelegen, zeigt Gemeinden, die nicht nur in der Größe, sondern auch in ihren Funktionen verschieden sind. Die meisten haben industriellen Charakter; in einigen sind die luftverunreinigenden Industrien mit nicht luftverunreinigenden und verwandten Industrien zusammengelegt. Die Einheiten, die mit Handel, Verwaltung und Kultur in Beziehung stehen, haben ihren Standort dort, wo die ost-westliche Verkehrsstraße die nord-südliche kreuzt.

51 Der Plan für eine um eine Meeresbucht gelegene dezentralisierte Stadt ist differenzierter. Er besteht aus Gemeinden verschiedener Größe. Einige sind

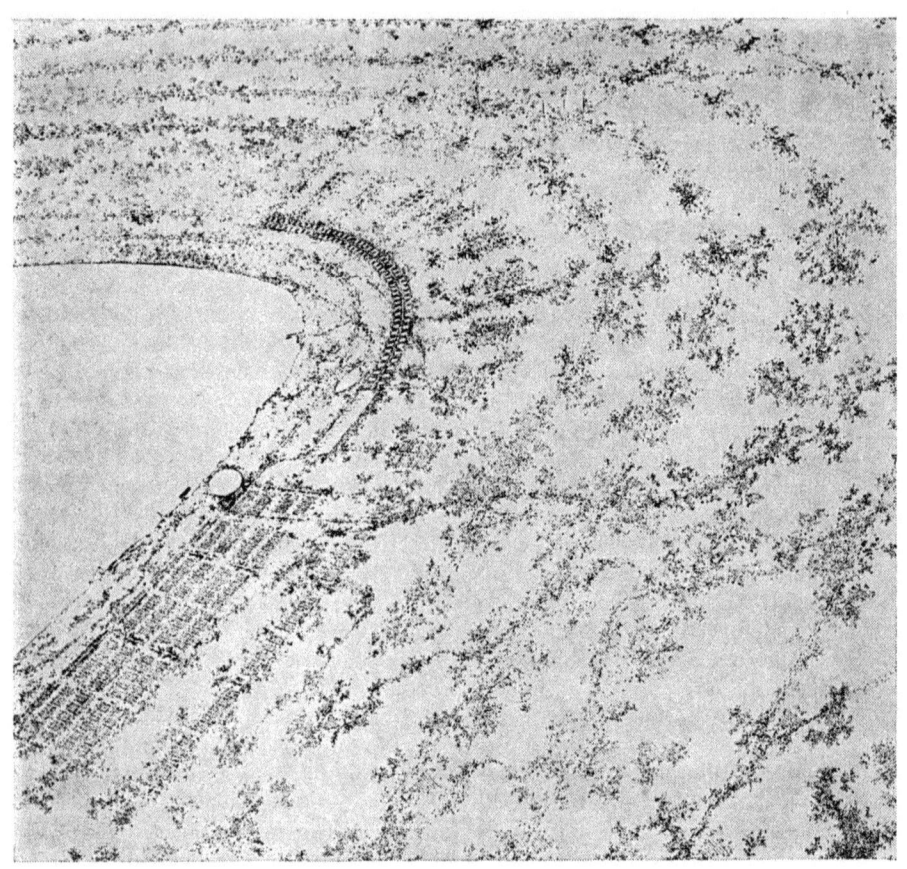

46. Chicago, Vogelschau

verbunden mit fächerförmigen Gemeinden mit luftverunreinigenden und ähnlich störenden Industrien. Jede Gemeinde enthält alles für sie Wesentliche. Nach Norden und Süden zu, am Kreuzpunkt der Hauptverkehrslinien, liegen die speziellen Verwaltungs- und Handelszentren, an die sich das Kulturzentrum anschließt. An der Westseite ist eine Universitätsgemeinde. Mit der Universität sind nicht nur die Wohnquartiere für die Lehrkräfte und die Studenten verbunden, sondern alles andere für eine solche Gemeinde Notwendige.

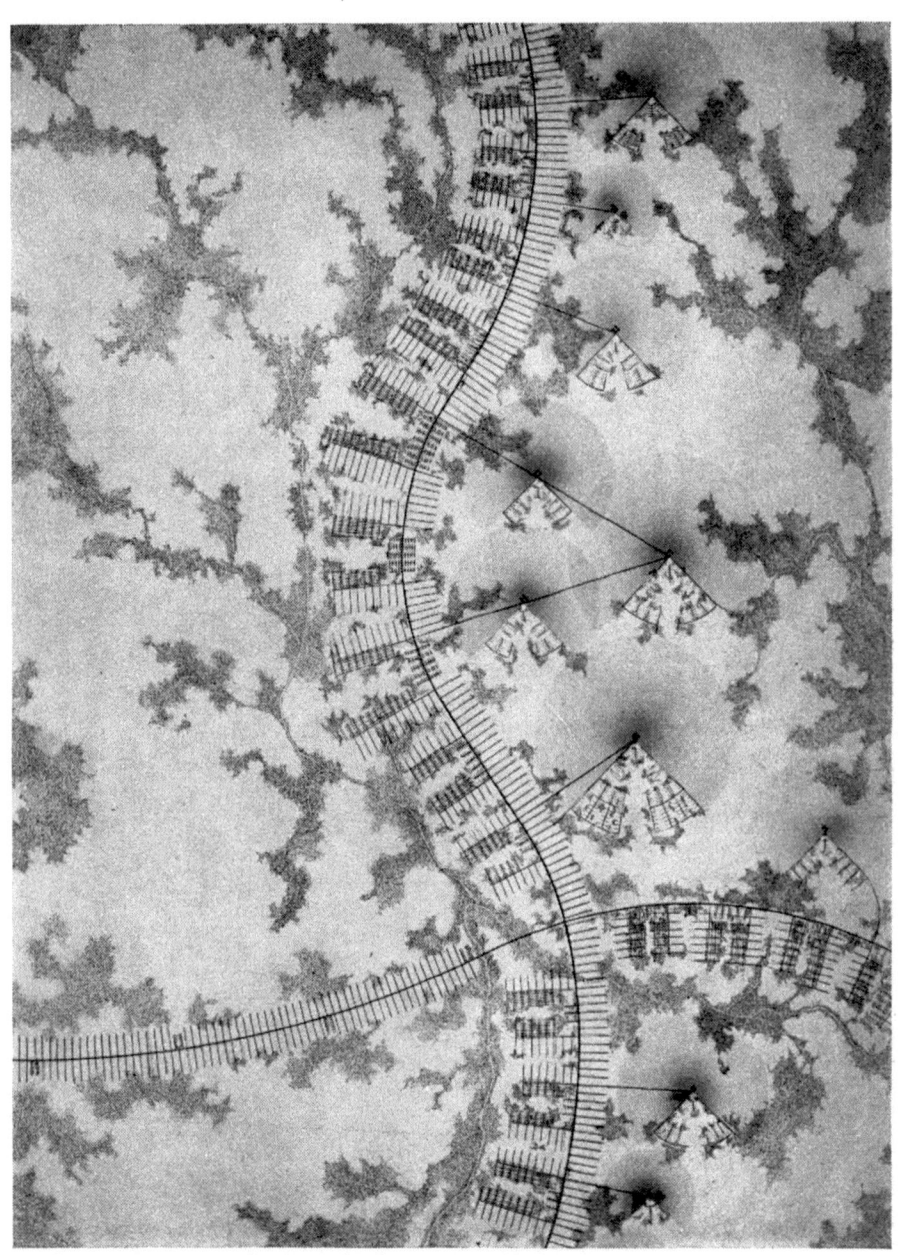

47. Stadtaggregate verschiedener Größe an einem Fluß entlang

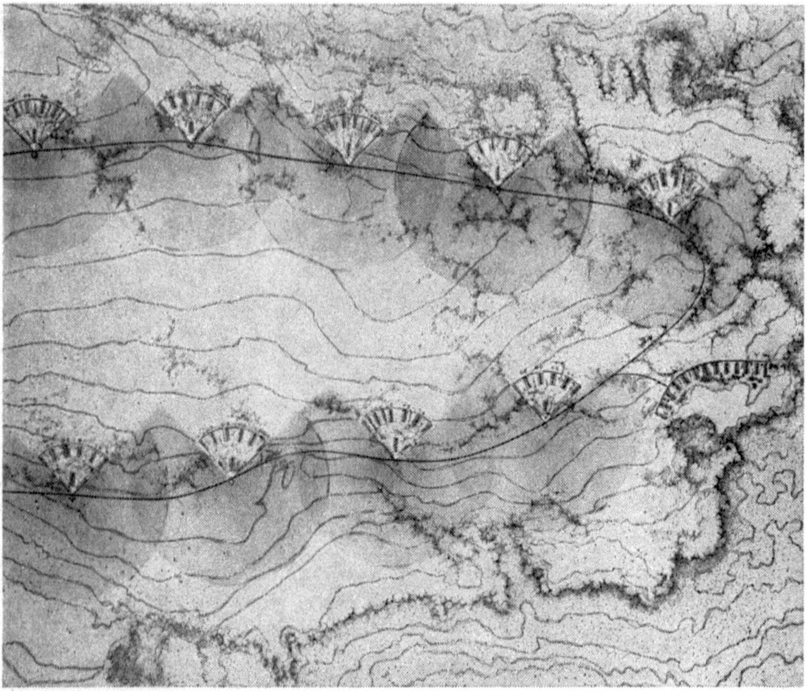

48. Industrielle Gemeinden auf abfallendem Gelände

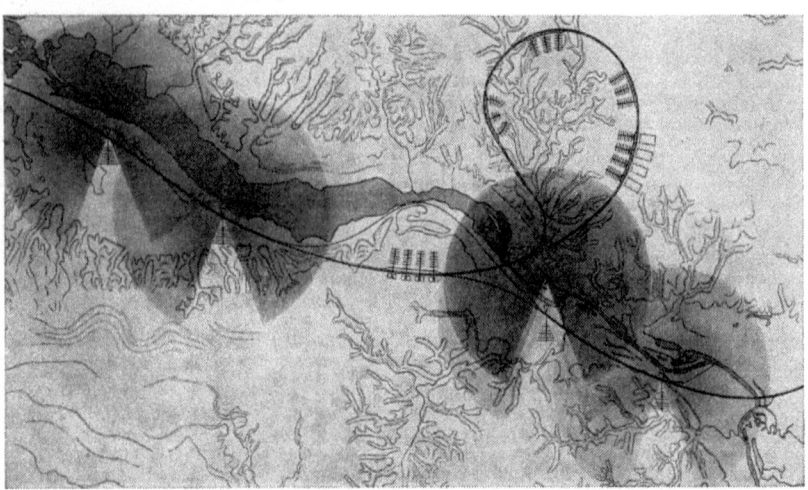

49. Dezentralisierte Stadt in einem Flußtal

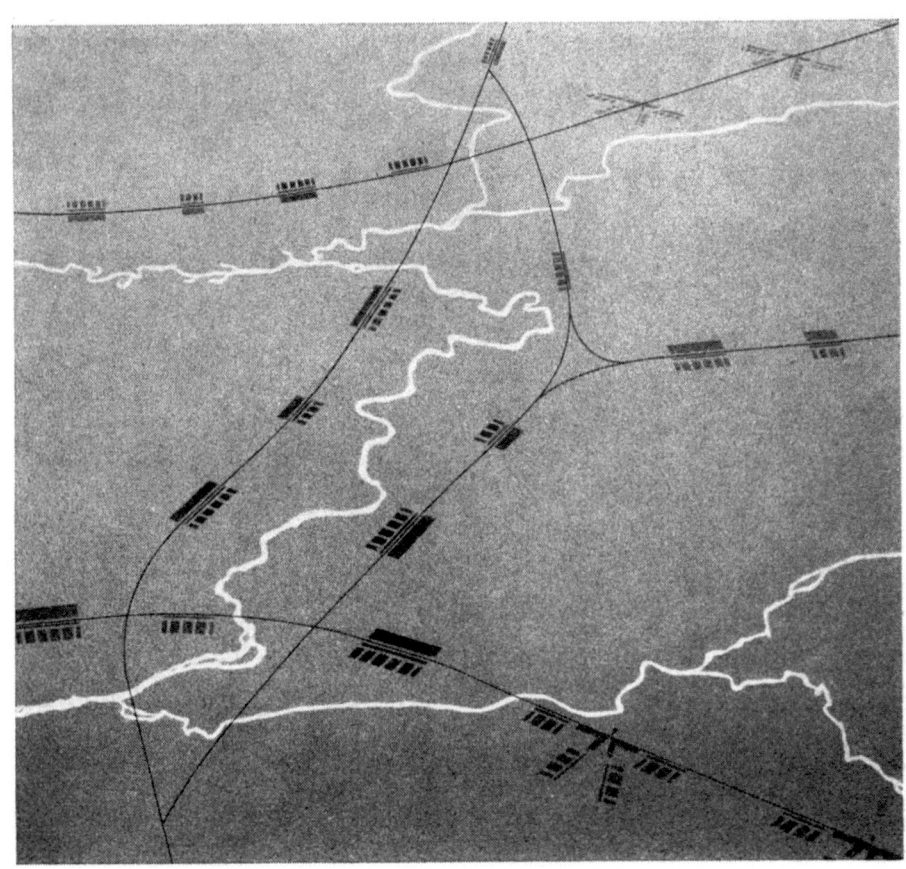

50. Siedlungsplan entlang eines Flusses und seiner Zuflüsse

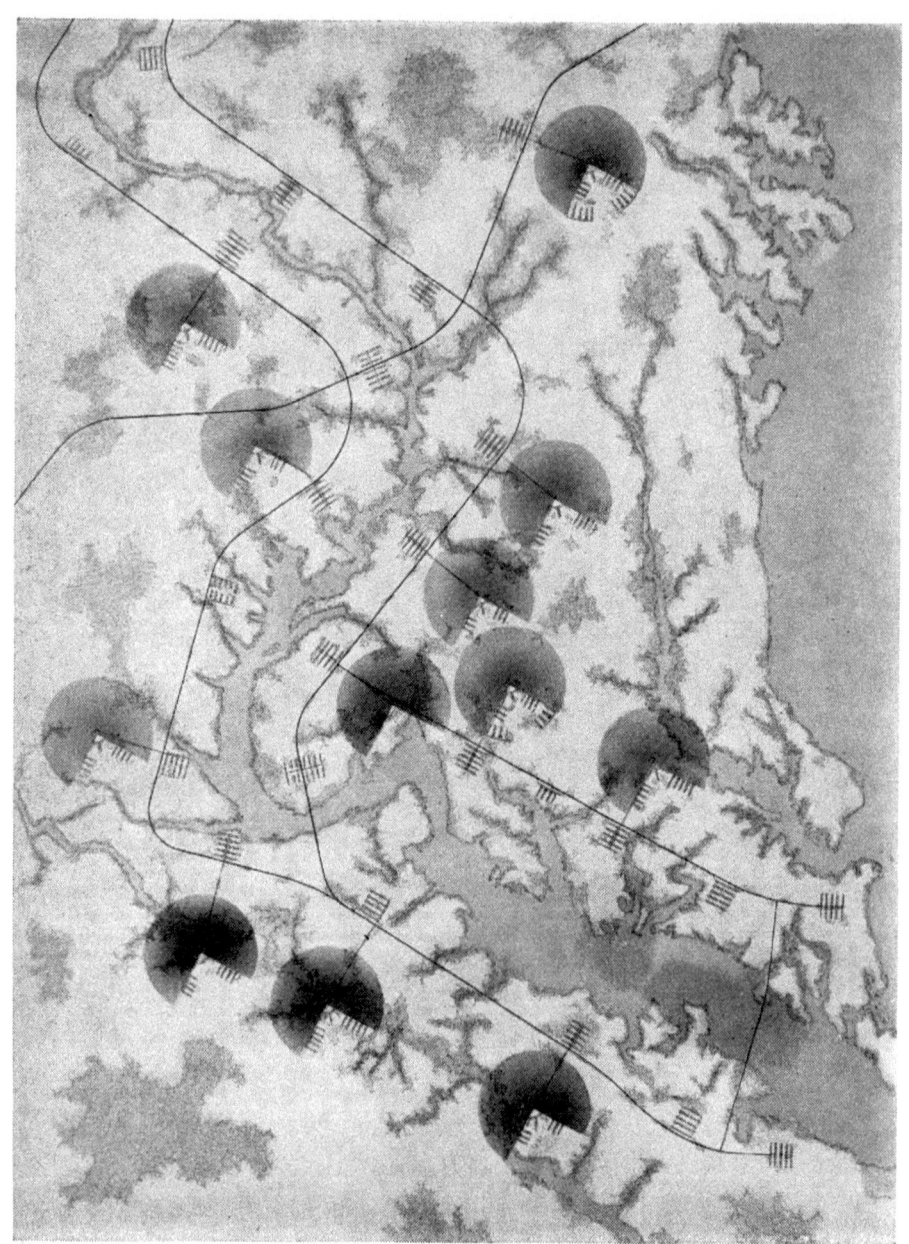

51. Dezentralisierte Stadt um eine Meeresbucht

XV

Die bisher diskutierten Studien verwenden verschiedene Planungselemente, verschiedene Stadtaggregate wie auch verschiedene Gemeinden; sie alle jedoch sind nach denselben Planungsprinzipien entwickelt.
Ich bin der Meinung, daß die vielgestaltigen Gemeinden vermutlich das brauchbarste Planungselement darstellen. Sie können in Form und Größe, je nach ihrer Funktion, abgewandelt werden. In sich abwandelbar, können sie sich auch allen topographischen und geographischen Bedingungen anpassen. Sie können, wenn nötig, leicht vergrößert werden. Sie sind ohne jede einschränkende Starrheit. Sie eröffnen eine Möglichkeit für die Dezentralisierung unserer Städte. Jedes Haus kann einen Gemüsegarten haben. Wo immer gewünscht, können kleine Gehöfte für Kurzarbeiter dicht bei den Gemeinden liegen. Diese linearen Gemeinden sind nicht band- oder gürtelartig wie die Stadtaggregate, sondern gestatten eine völlig freie und uneingeschränkte Entwicklung. Sie sind von landwirtschaftlichem Gelände umgeben, und ihre Anlage ist ein Problem der regionalen Planung. Sie stellen eine Fortentwicklung meines ersten Planungsvorschlages dar, den ich in Gestalt eines Vorortes vor mehr als einer Generation machte.
Ich will nun zeigen, wie auch die Dezentralisation von Städten, die bereits in solche Gemeinden aufgelöst wurden, ermöglicht wird.

52 Die von mir gewählten Städte sind Louisville und Cincinnati am Ohiofluß, Washington und später Chicago. Es soll an dieser Stelle keine Analyse oder Beschreibung dieser Städte gegeben werden. Was gezeigt werden soll, ist der Plan, der sich aus ihrer Dezentralisierung ergibt, und ihre spezielle Topographie.
Der Ohiofluß wurde zum wichtigen Schiffahrtsweg, und an seinen Ufern entstanden mancherlei Städte. Die Ufer sind an manchen Stellen hoch und steil, an anderen jedoch sehr niedrig, so daß manche Städte oder größere Teile von ihnen bei Hochwasser überschwemmt werden und darum verlegt und außerhalb des Überschwemmungsgebietes aufgebaut werden sollten. Die Skizze des Ohioflußtals zwischen Cincinnati und Louisville zeigt, wie eine wirksame Dezentralisation dieser Städte und der dazwischen liegenden kleineren Städte möglich ist; es entstehen verschiedene Gemeinden, deren Lage durch die Topographie des Geländes bestimmt ist.

53 Der Perspektivplan von Washington zeigt eine andere Methode der Dezentralisierung. Die Stadt ist auf die Größe reduziert worden, die sie vor hundert Jahren hatte, und ist wieder, was sie damals war, nämlich in der Hauptsache ein nationales Monument, wobei das Capitol und das Weiße Haus ihre ursprüngliche Prominenz wiedergewinnen. Alle anderen Regierungsinstitutionen sind verlegt und bilden nun zusammen mit ihren Wohngebieten und den nötigen Gemeinde- und Handelseinrichtungen neue Ge-

65

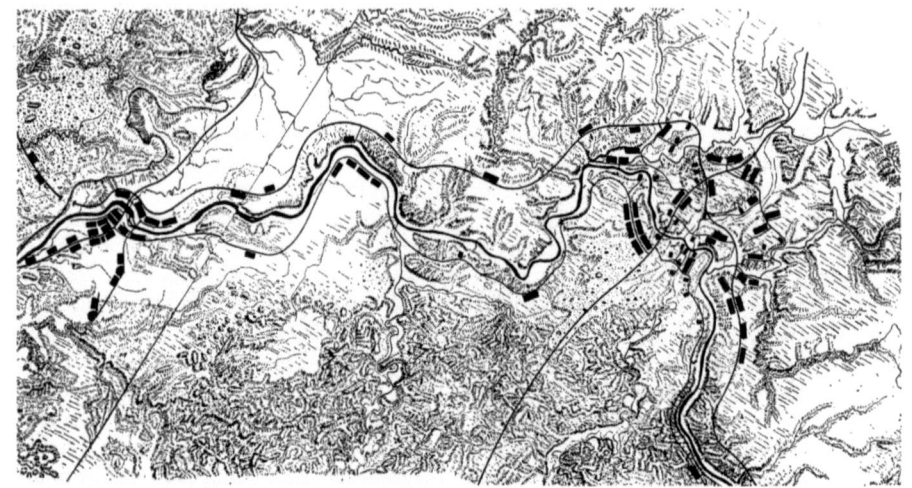

52. Louisville und Cincinnati, dezentralisiert

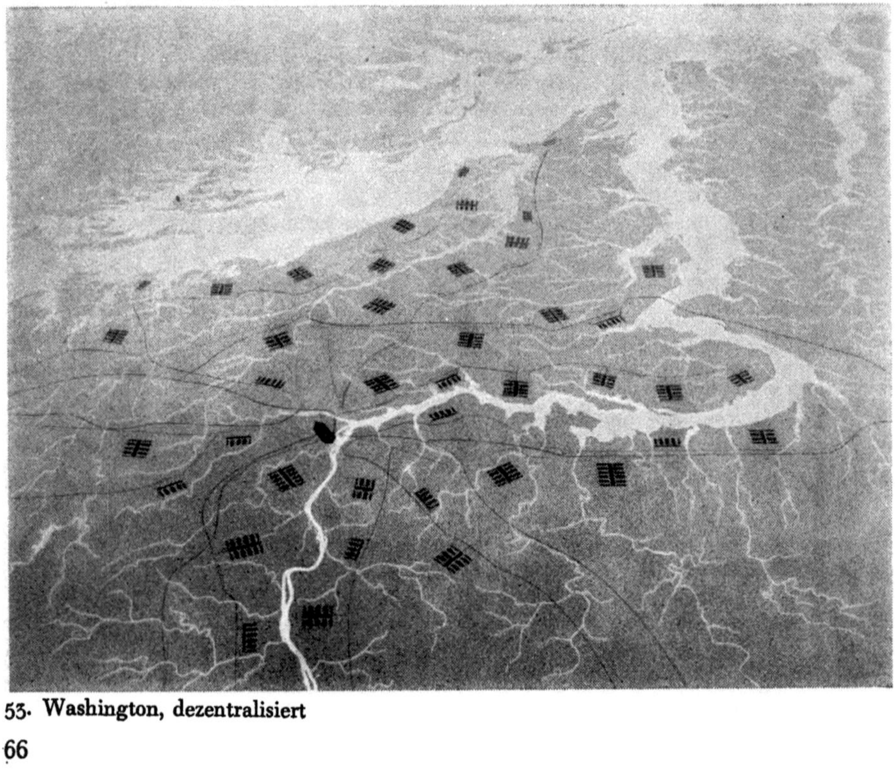

53. Washington, dezentralisiert

meinden. Zu Anfang des zweiten Weltkrieges sagte mir ein Planer, seine Aufgabe sei, Wohnmöglichkeiten außerhalb der Stadt Washington für die wachsende Bevölkerung zu schaffen. Ich schlug vor, die behördlichen Büros in Verbindung mit den neuen Siedlungen zu planen, was eine natürliche Dezentralisation der Stadt zur Folge haben würde. Der vorliegende Plan ist das Resultat solcher Überlegungen.

XVI

Man wird natürlich sehr bezweifeln, daß es jemals möglich sein wird, diese Städte, wie vorgeschlagen, umzuplanen. Zwei Wege sind möglich, eine Stadt umzuplanen und dann umzubauen. Man kann außerhalb der Stadt, auf bisher unbebautem Gelände, anfangen; oder innerhalb der Stadt durch allmähliche Veränderungen.
Beide Wege haben ihre Vorteile und Nachteile.
Der erste Weg ist sehr einfach, da am Anfang nur wenige Hindernisse zu überwinden sind. Durch dieses Verfahren würde jedoch das Gelände innerhalb der Stadt entwertet werden, was die Wirtschaftskraft der Eigentümer gefährden würde: Der Wert innerstädtischer Grundstücke würde sinken; das würde es aber andererseits ermöglichen, die alte Stadt so umzubauen, daß ihre Bewohner besser untergebracht wären und die Stadt ihre Funktionen besser erfüllte.
Die Stadt von innen heraus zu ändern, stößt auf viele Hindernisse, wenn auch die Eigentumsrechte bis zu einem gewissen Grad bestehen bleiben könnten. Das Verfahren als solches scheint sehr wirksam, kann aber auch seinen Zweck verfehlen, wie die Neubebauung von Slumgebieten zeigt. In den Slumgebieten ist der Grundstückswert sehr niedrig, aber sobald eine Neubebauung in diesen Gebieten geplant wird, steigt der Wert des Grund und Bodens, und möglicherweise gleich in solchem Ausmaß, daß die Mieten nur durch eine sehr hohe Dichte niedrig gehalten werden können. Aber es ist ja gerade die hohe Dichte, die bei einer Neuplanung immer vermieden werden sollte.
Man muß zwei Arten von Kapital unterscheiden: eines, das bereits angelegt ist, ein anderes, das eine Anlage sucht. In einer freien Wirtschaft bedeutet das letztere eine Gefahr für das erstere. So kann z. B. eine alte Fabrik nicht immer mit einer neueren und deren moderneren Produktionsmethoden kon-

kurrieren. Sie wird nach und nach unrentabler werden; und das in ihr angelegte Kapital kann verlorengehen.
Andererseits kann es möglich sein, den Wert des Fabrikgrundstücks zu halten, aber das ist nicht immer die Regel.
Neue Produktionsmethoden verlangen gewöhnlich andere Gebäude, vorzugsweise auf nur einer Ebene, und brauchen daher mehr Raum. Die Erwerbung von zusätzlichem Land ist in der Stadt oft unmöglich und, wenn überhaupt möglich, sehr kostspielig. Das bedeutet zumeist, daß die Fabrik verlegt und außerhalb der Stadtgrenzen neu aufgebaut werden muß, wo der Grund und Boden billiger ist. In diesem Fall sind eventuell die Kosten für das Grundstück und den Neubau der Fabrik geringer, als der Preis für hinzuerworbene Grundstücke in der Stadt sein würde.
Die Umwandlung von Städten, auf die eine oder andere Weise, stellt politische und wirtschaftliche Probleme, die jedoch jenseits der aktuellen Planungsfragen liegen. Diese Probleme gehen die Gesellschaft als Ganzes an. Die Aufgabe des Planers ist es, Lösungen für den Umbau der Stadt von innen oder außen her zu finden. Nur dann kann entschieden werden, welche Methode die bessere und ökonomischere ist, sowohl für die Gegenwart als auch für die Zukunft.

XVII

Zuerst möchte ich zeigen, wie die Städte, von außen her beginnend, umgebaut werden können. Für diesen Zweck wähle ich die Stadt Montreal in Canada. Vier Diagramme zeigen die Stufen ihrer Umbildung. Montreal ist eine Industriestadt mit allen damit zusammenhängenden Nachteilen. Die Abbildungen machen auf den ersten Blick deutlich, wie die Stadt allmählich verändert werden sollte.
Der erste Plan zeigt die gegenwärtige Stadt, ihre Desorganisation und den Mangel an Beziehung zwischen Wohn- und Arbeitsgebieten. Er zeigt auch den Einfluß der Luftverunreinigung durch die zerstreut liegenden Industrien. Verkehrswege und Eisenbahnlinien gehen vom Zentrum der Stadt aus und zerschneiden sie in unzusammenhängende Teile.
Der nächste Plan zeigt die erste Stufe der Neubebauung. Die Verkehrsstraßen und Eisenbahnlinien sind umgelegt und auf ihre Hauptlinien reduziert worden. Einige der luftverunreinigenden Industrien sind so verlegt, daß die

Stadt nicht mehr unter ihnen zu leiden hat. Die in diesen Fabriken beschäftigten Arbeiter können in der Zwischenzeit in ihren alten Häusern wohnen und mit öffentlichen Verkehrsmitteln ihre Arbeitsstätten erreichen.
Der dritte Plan zeigt die vollzogene Umlegung der meisten luftverunreinigenden Industrien. Einige der anderen Industrien und Teile des Handelsgebiets und die entsprechenden Wohngebiete sind an ihrer neuen Lage eingezeichnet.
Der endgültige Plan zeigt die völlig umgeplante Stadt, mit allen Teilen an den für sie bestimmten Stellen. Die Stadt ist jetzt nicht nur ein besser arbeitender »Organismus«, sondern auch eine Stätte mit besseren und angenehmeren Lebensmöglichkeiten für ihre Bewohner.
Die Abbildungen zeigen eine Methode, die für alle Städte, für die wir Pläne machten, oder für irgendeine beliebige große oder kleine Stadt anwendbar ist. Eine solche Umbildung erfordert Zeit, würde aber im Übergangsstadium das Leben der Stadt in keiner Weise gefährden.

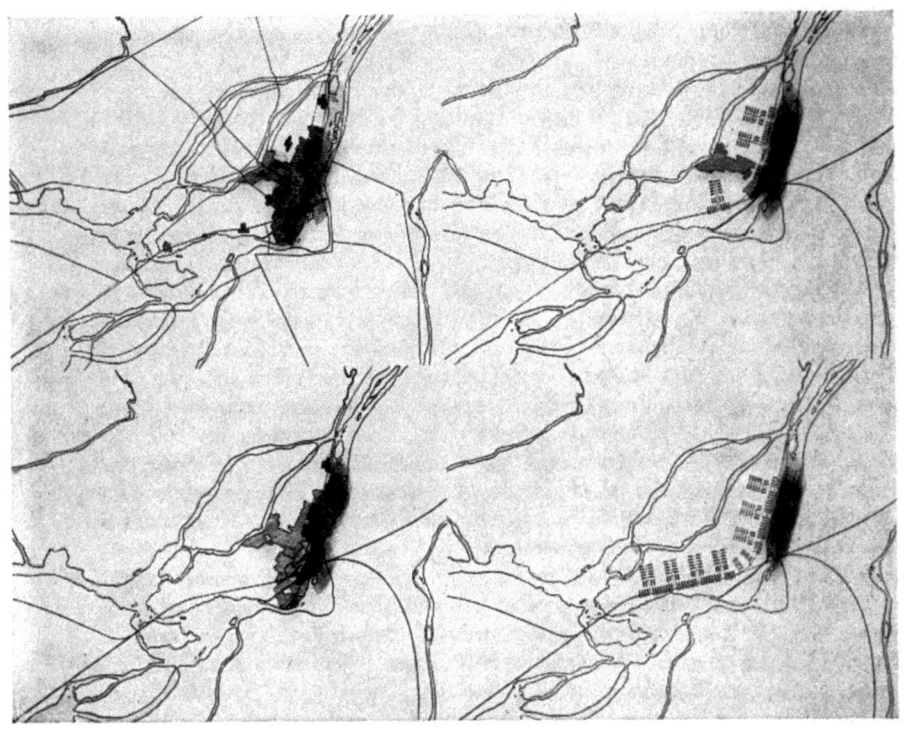

54. Montreal. Drei Stufen seiner Umplanung

XVIII

Nachdem die mögliche Umbildung einer Stadt, von außen her beginnend, besprochen ist, wollen wir jetzt die Umbildung überlegen, die von innen beginnt. Können die Mängel einer Stadt ausgemerzt werden? Kann die Stadt mit den bestehenden Gebäuden, Straßen, Verkehrsmitteln und Leitungen so umgeformt werden, daß sie die Ansprüche in bezug auf Gesundheit und Sicherheit ihrer Bewohner erfüllt? Kann unser Planungsprinzip auch für einen solchen Stadtumbau angewendet werden, so daß sie ein gut arbeitender Organismus wird, in dem jeder Teil seinen ihm gebührenden Platz hat und alle in Beziehung zueinander stehenden Gebiete im Fußgängerverkehr erreichbar sind? Kann eine Stadt auch von innen her bis zu einem gewissen Grad dezentralisiert, mit der Landschaft verbunden und in sie eingegliedert werden? Kann in Verfolg dieses Ziels ein besser funktionierendes und weniger kostspieliges Verkehrssystem entwickelt werden? Ich bin der Meinung, daß alle diese Fragen positiv beantwortet und die vorhandenen Probleme Schritt für Schritt gelöst werden können. Die folgenden Studien demonstrieren das.
Der technische Fortschritt hat die Struktur der Stadt ständig geändert. Wenn wir eine der vielen an einem Fluß gelegenen Städte betrachten, finden wir, daß zu der Zeit, als es weder Eisenbahnen noch Kraftwerke gab, ihre Lage eine sehr günstige war. Der Fluß konnte dem Verkehr dienen oder als Kraftquelle benutzt werden, vorzugsweise auch für beides. Daher lagen im frühen industriellen Zeitalter die Industrien am Fluß, und alle hatten die gleichen Charakteristika. Die Eisenbahn änderte das völlig. Das Industriegebiet am Fluß konnte wegen der umliegenden Wohngebiete nicht erweitert werden. Es entstanden daher neue Industrien entlang der Bahnlinien außerhalb der bebauten Stadtzone. Aber diese neuen Industrien wurden ihrerseits von neu entstehenden Wohngebieten umgeben, die ein weiteres Wachstum der Industrieanlagen hinderten und eine neue Verlegung nötig machten. Motorfahrzeuge erforderten Verkehrsstraßen, die wie die Eisenbahnen die Stadt kreuz und quer durchschnitten, eine Gefahr für jedermann. Als Folge der Mischung von Industrie- und Wohngebieten wurden große Teile der Stadt zu Slums, und das Wachstum der Stadt machte das Verkehrsproblem immer schwieriger.
Alle diese neuen Elemente der wachsenden Städte wurden niemals in geeignete Beziehung zueinander gebracht. Chaotische Verhältnisse waren die Folge. Die Stadt wurde niemals den industriellen und verkehrstechnischen Entwicklungen angepaßt, die, obgleich zu ihrem Wachstum erheblich beitragend, einen auflösenden Einfluß haben.
Einige Diagramme zeigen diese Entwicklung. Das Diagramm oben zeigt den ursprünglichen Zustand der Stadt mit den Industrien am Fluß, das

zweite den gegenwärtigen Zustand mit den Industrien, die über die Stadt verstreut an den Hauptverkehrslinien, an Eisenbahnen und Verkehrsstraßen liegen. Das dritte Diagramm zeigt die mögliche Umlegung der Industrien, ihre neue Beziehung zu den Wohngebieten und ein konsolidiertes, wirksameres Verkehrssystem.
Auf einer Seite der umgelegten Verkehrslinie liegen die Industriegebiete, die jetzt, wenn notwendig, ohne irgendwelche Beschränkung erweitert werden können. Gegenüber, jenseits der Verkehrslinie, sind die Wohngebiete, im Fußgängerverkehr vom Industriegebiet aus erreichbar. Das veraltete Industriegebiet am Fluß wird zu einem Park, der sich dem Wohngebiet eingliedert. Luftverunreinigende Industrien mit den dazugehörigen Industrien müßten entsprechend den vorherrschenden Winden geplant werden und von der Stadt so weit entfernt liegen, daß diese nicht unter der Luftverunreinigung zu leiden hat.
Abgesehen von der Umlegung der Industrien und der Zusammenlegung des Verkehrssystems sollte alles, was nicht direkt in die Wohngebiete gehört, herausgenommen und das gesamte Wohngebiet so umgeformt werden, daß es seine Funktion besser erfüllt.
Der Plan für Marquette Park, ein Wohngebiet in Chicago, zeigt, wie dies erreicht und wie die notwendigen Veränderungen gemacht werden können.

Das sich rechtwinklig kreuzende Straßensystem mit den gleichförmigen Blocks macht jede Straße zu einer möglichen Hauptverkehrsstraße; an jeder Kreuzung besteht erhöhte Unfallgefahr. Es wird schwieriger und schwieriger für Kinder, den Park und ihre Schulen zu erreichen.*
Diese Gefahr kann beseitigt werden, wenn man Straßen schließt und einige herausnimmt. Der Park und die Schulen sind dann zu erreichen, ohne daß man auch nur eine einzige Verkehrsstraße kreuzt. Wenn man einige Blocks herausnimmt und Parks aus ihnen macht, könnten Spielplätze in der Nähe der Schulen entstehen, und das Wohngebiet selbst wäre dann von Grünflächen durchdrungen. Die Straße, in welche die Hauptstraßen des Wohngebiets münden, würde zu einer lokalen Verkehrsstraße werden. Falls man diesem Wohngebiet ein Arbeitsgebiet anfügte, würde die Lösung durchaus der hier vorgeschlagenen Siedlungseinheit ähneln.
Die Umlegung der Industrien und ihre richtige Anordnung zum Wohngebiet, die Vereinfachung des Verkehrssystems, die Veränderung des gegenwärtigen Straßensystems, die mögliche Verwendung der bestehenden öffentlichen Verkehrslinien, die Eingliederung von Parks in die Wohngebiete — all das kann in eins geschehen. Das hier dargestellte Prinzip ist mit Erfolg auf alle bestehenden Städte, große oder kleine, anzuwenden, wie die folgenden Studien einer Umplanung Chicagos zeigen.

* Einer meiner Studenten lebte als Kind dicht an diesem Park. Er durfte nicht zum Spielen hingehen wegen der gefährlichen Verkehrsstraßen, die diesen Park umgeben.

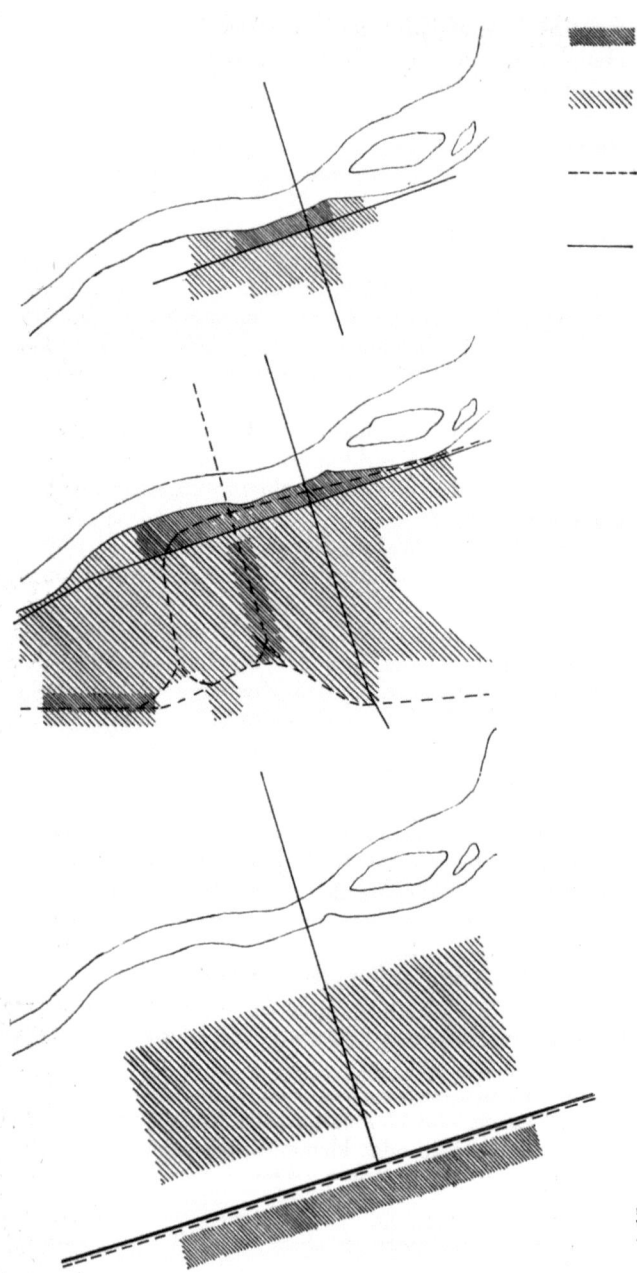

55. Kleine Stadt an einem Fluß, ihre Entwicklung und Neuplanung

72

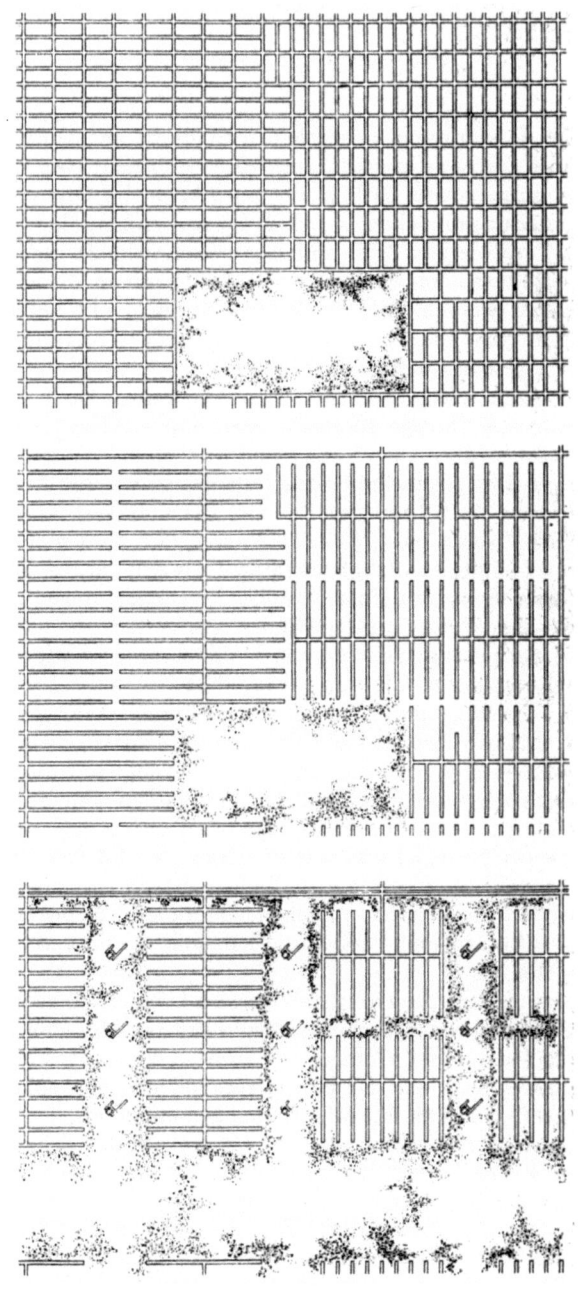

56. Chicago, Marquette-Park und zwei Neuplanungsvorschläge

XIX

Die Umformung einer kleinen Stadt ist anscheinend nicht schwer. Es ist aber durchaus möglich, auch eine Großstadt, eine Metropole wie Chicago, so umzuformen, daß sie ein gut arbeitender Organismus wird. Das scheint zunächst unmöglich, ist jedoch bei Anwendung der gleichen Methode durchaus realisierbar. Man muß nur wissen, wie die Stadt sein könnte oder sein sollte und demgemäß planen. Alles in gutem Zustand Befindliche kann erhalten werden. Alle Neubauten, Straßen und Verkehrswege können dem Plan entsprechend gebaut werden. Jede Neuerung würde schrittweise zu dem gewünschten Endziel führen.

Wie eine solche Umformung erreicht werden kann, zeigen die für die Nordseite von Chicago ausgearbeiteten Studien. Das Gebiet reicht von Madison Street bis Lawrence Avenue und westlich bis Western Avenue. Um die künftigen Hauptverkehrsstraßen festzulegen, wurden Madison Street, Fullerton Avenue und Lawrence Avenue, die Ost-West-Straßen sind, und Central Park Avenue und Western Avenue, die nord-südlich verlaufen, als Teile eines künftigen Hauptverkehrssystems geplant. Im ersten Stadium der Umformung werden einige Straßen herausgenommen und andere geschlossen, um den Durchgangsverkehr zu vermindern. Im nächsten Stadium werden Blocks herausgenommen, um Freiflächen zu schaffen für Schulen und Spielplätze, die eng mit dem Wohngebiet verbunden sind. In dem folgenden Stadium ist das Hauptverkehrssystem entwickelt. An den Verkehrsstraßen entlang liegen die Arbeitsgebiete und die Parkplätze. Schließlich werden die inneren Durchgangsstraßen geschlossen und Wohneinheiten geschaffen, die durch Parkflächen voneinander getrennt sind. Das Wohngebiet ist in seiner Größe begrenzt, so daß das Arbeitsgebiet zu Fuß erreicht werden kann, was wiederum den lokalen Verkehr vermindert. Die Grünflächen zwischen den Reihen der Wohneinheiten werden dann vergrößert. Schließlich entstehen quadratisch geformte Gemeinden, die von Grünflächen und Parks umgeben sind, die ihr natürliches Erholungsgebiet bilden. 57 58

Zwei Details zeigen, wie eine solche Umbildung allmählich erreicht werden kann. Sie zeigen auch die Möglichkeit der Umbildung von Slums. Das Gebiet jenseits des Wohngebiets wird zu einem Park, der entlang des Michigansees liegt und die bereits vorhandenen Parkanlagen vereinigt. In ihm sind Hochhäuser mit Mietwohnungen enthalten. 59 60

Der allgemeine Plan von Chicago schließt das Gebiet zwischen dem Michigansee und westlich vom Foxfluß ein und könnte nach Norden wie auch um den See herum nach Süden ausgedehnt werden. Das Verkehrssystem besteht aus Nord-Süd-Straßen, die die Ost-West-Straßen miteinander verbinden. Die Eisenbahnlinien des Fernverkehrs sind so gelegt, daß sie der 61 62 63

Stadt als Ganzem dienen, ohne störend oder belästigend auf ein einzelnes Stadtgebiet einzuwirken. In der Gegend von Madison Street und Central Park Avenue ist eine Zentralstation; andere Stationen könnten sowohl an den Hauptverbindungsstraßen der verschiedenen Linien als auch an der Hauptlinie liegen. An den Hauptknotenpunkten der Eisenbahn liegen die Rangierbahnhöfe mit den dazugehörigen Güterschuppen. Die bestehenden Flughäfen wurden vergrößert und dem Verkehrssystem angegliedert.

67 Das Hauptgeschäftsgebiet bleibt an seiner jetzigen Stelle, wird jedoch in seiner Breitenausdehnung verringert, dafür aber nach Norden und Süden vergrößert. Die Verkehrsverhältnisse sind heute völlig unzureichend. Es ist weder genug Raum für den Verkehr selbst, noch gibt es genug Parkraum. Die Gebäude stehen zu dicht beieinander, so daß keines genügend Licht und Luft hat. Ein diagrammartiger Blick zeigt die Möglichkeit der Umformung des Geschäftsgebiets. Das gegenwärtige Block- und Straßensystem wird durch beträchtlich größere Blocks und ein zweckentsprechenderes Straßensystem ersetzt. Die Gebäude selber bestehen aus zwei Teilen; der eine umfaßt den gesamten zusammengeschlossenen Block, der Warenhäuser, Läden, Banken usw. enthält, außerdem Geschäfte, die eine große ununterbrochene Fläche benötigen. Ein Teil des Erdgeschosses und die Untergeschosse dienen als Parkflächen für die Autos der Angestellten und Besucher. Im Erdgeschoß liegen Passagen mit Läden; durch die Passagen erreicht man die Fahrstühle. Der übrige Teil des Gebäudes ist als Hochhaus mit großen und kleinen Büros geplant. Diese Bebauung erlaubt die verschiedensten Variationen. So kann z. B. ein Bürohaus über einem oder zwei früheren Cityblocks errichtet werden oder, noch besser, über den gesamten jetzt zusammengeschlossenen Blocks. Eine solche Kombination von Gebäudetypen macht eine Verbindung von Dichte mit offener Weite möglich.

Die luftverunreinigenden Industrien haben ihren Standort östlich und westlich vom Foxfluß und am Illinoisfluß entlang. Die mit ihnen verbundenen Wohngebiete haben wegen der vorherrschenden Winde dreieckige Form. Die Schwerindustrie in Südchicago und Gary behält ihren gegenwärtigen Standort. Die Wohngebiete für die dort Beschäftigten werden verlegt, so daß sie nicht unter der verpesteten Luft zu leiden haben. Sie sind mit dem Arbeitsgebiet durch öffentliche Verkehrsmittel verbunden. Die gesamte Seefront wird zu einem Park umgestaltet mit freistehenden Hochhäusern, Lehrinstituten, Museen, Bibliotheken und anderen öffentlichen Gebäuden.

Die Gemeinden, in welche die Stadt aufgeteilt ist, sind jede zehn Quadratkilometer groß; sie sind voneinander durch 1,6 km breite Grünflächen getrennt. Für jede Gemeinde ist eine Bevölkerung von 50 000 bis 70 000 Menschen vorgesehen, was ungefähr der gegenwärtigen Wohndichte in Chicago entspricht. Im Zentrum jeder Gemeinde liegt ein Arbeitsgebiet, das parallel zur lokalen Verkehrsstraße verläuft, mit anschließenden Wohngebieten.

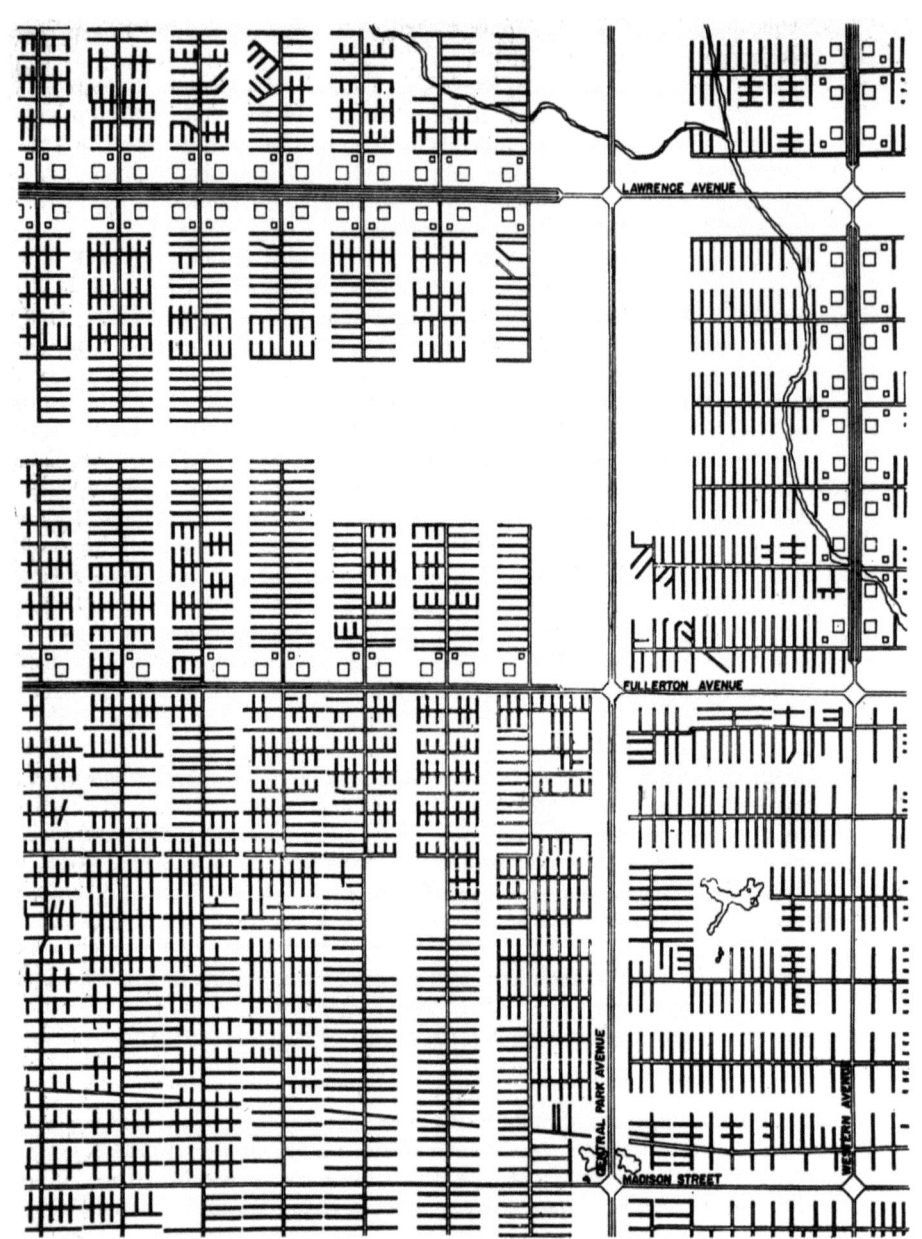

57. Chicago, Teil der Nordseite. Stufenweise Neuplanung

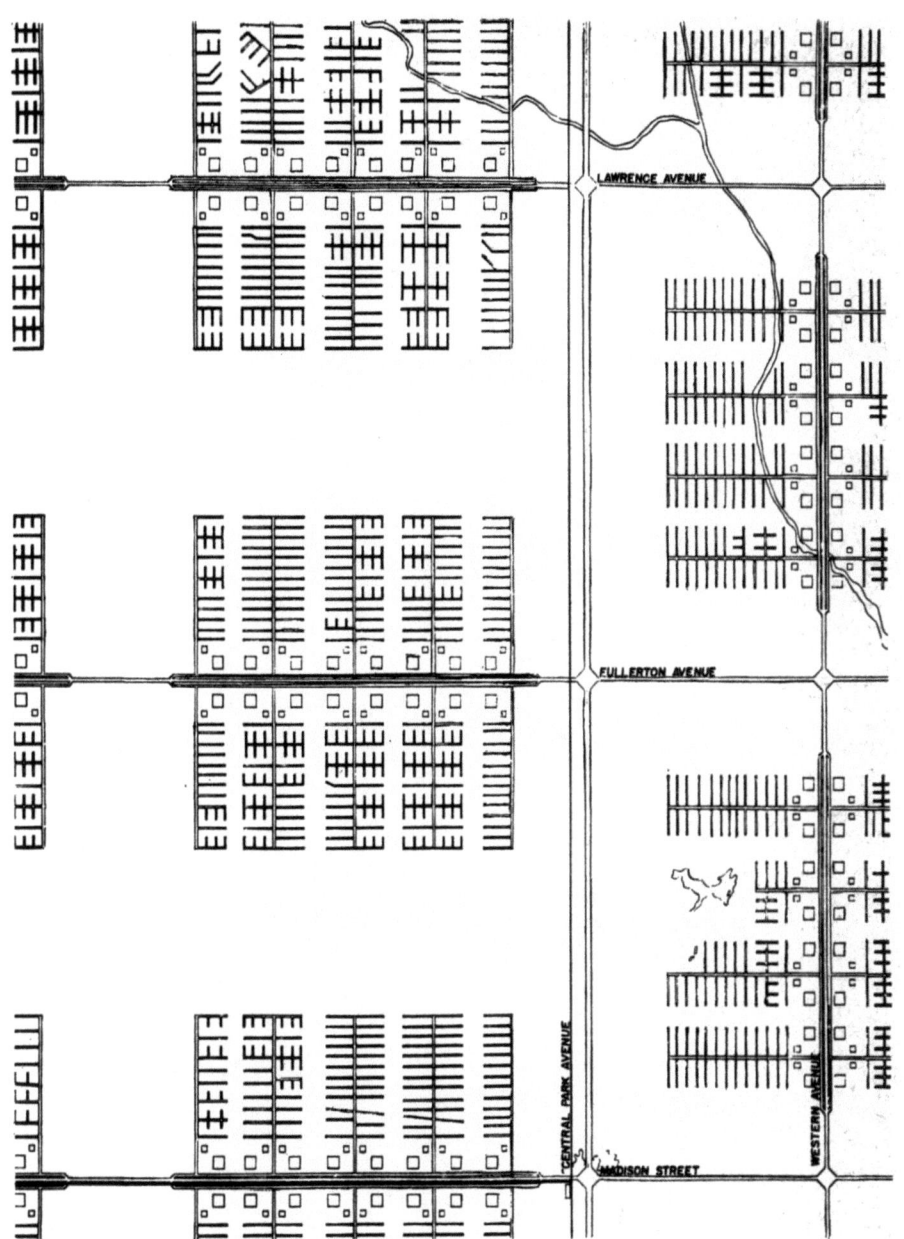

58. Chicago, Teil der Nordseite. Mögliche Endlösung

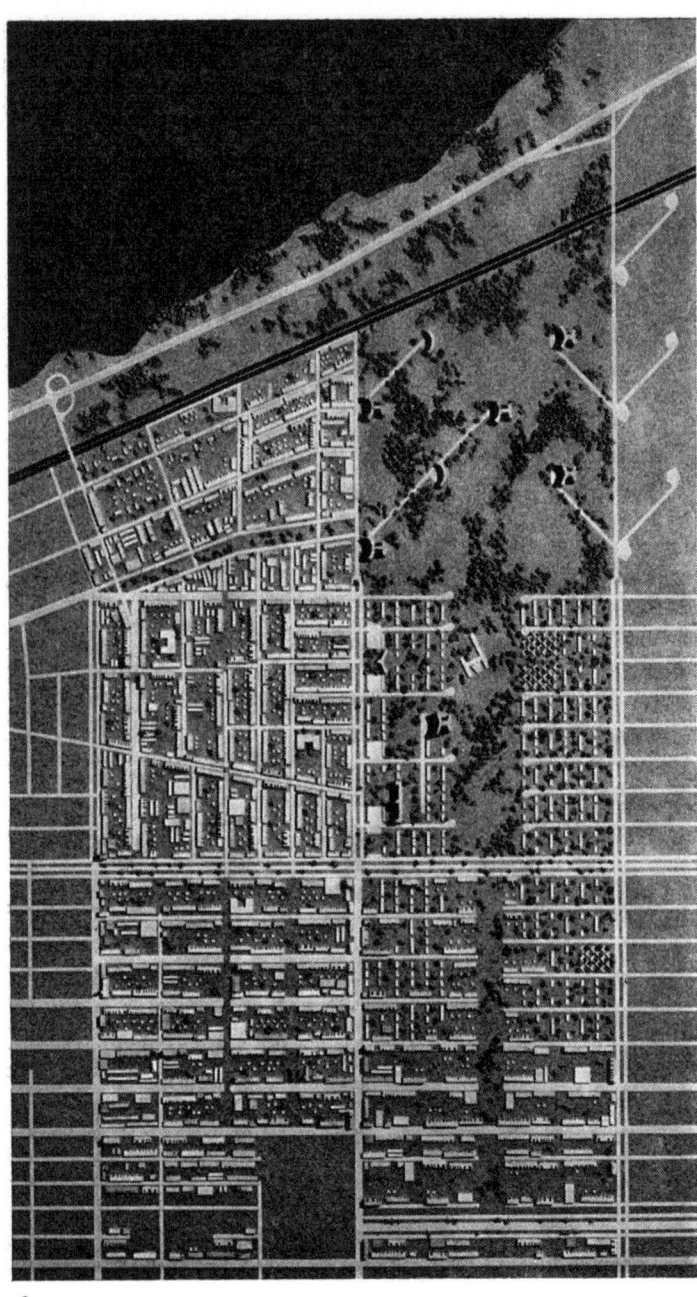

59. Chicago, Teil der Südseite. Stufenweise Neuplanung

60. Chicago, Teil der Südseite. Mögliche Endlösung

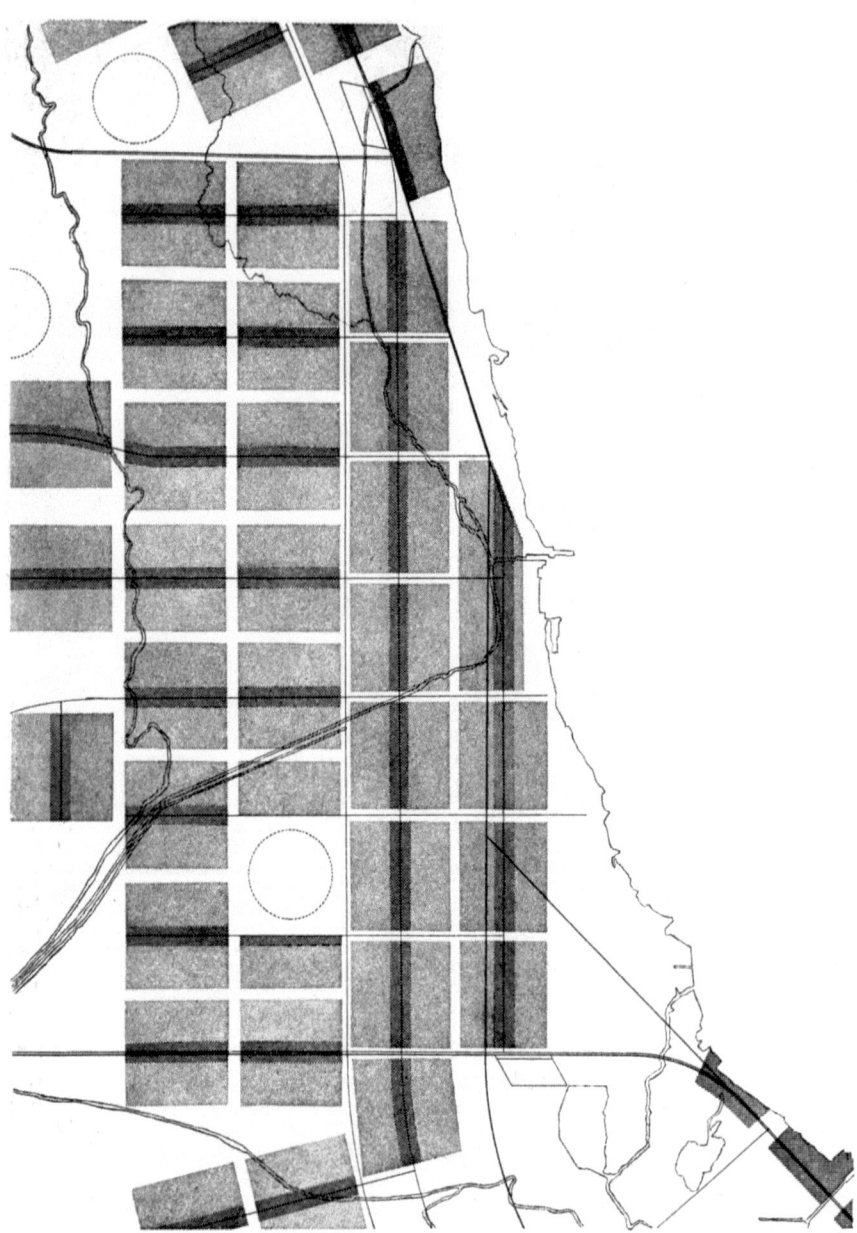
61. Chicago. Freier Raum zwischen den Gemeinden 400 m.
Die Eisenbahnen werden konsolidiert

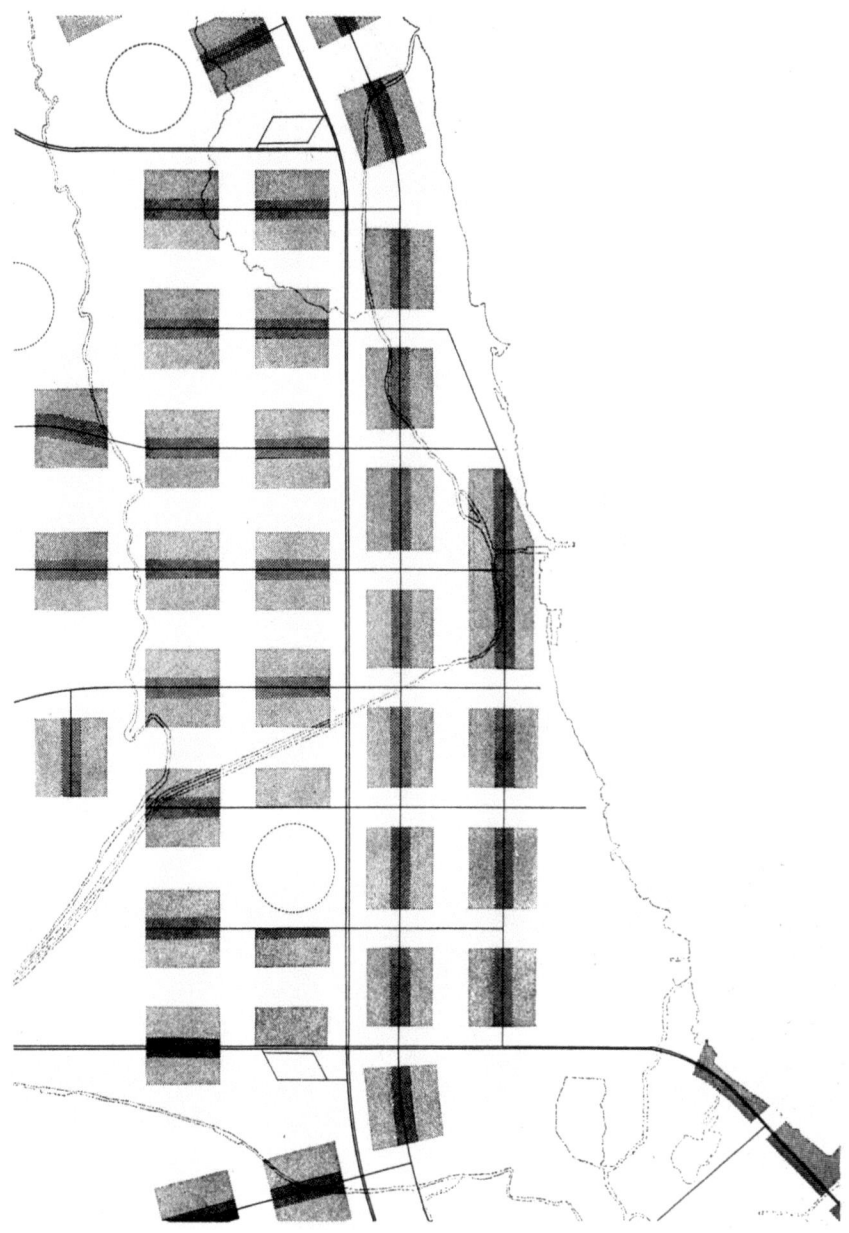

62. Chicago. Freier Raum zwischen den Gemeinden 1600 m. Neues Eisenbahnsystem

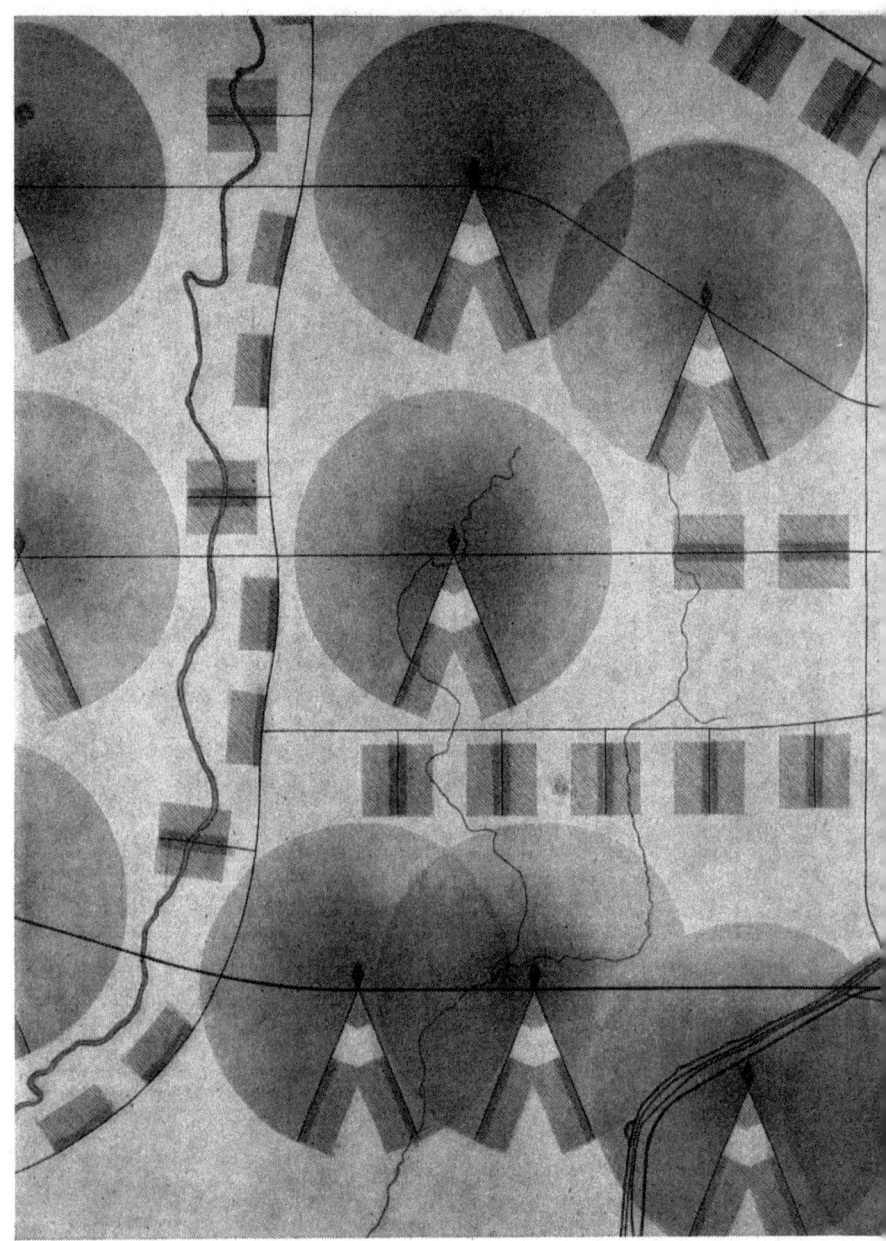

63. Chicago, neu geplant. Gebiet zwischen dem Michigan-See und dem Fox-Fluß

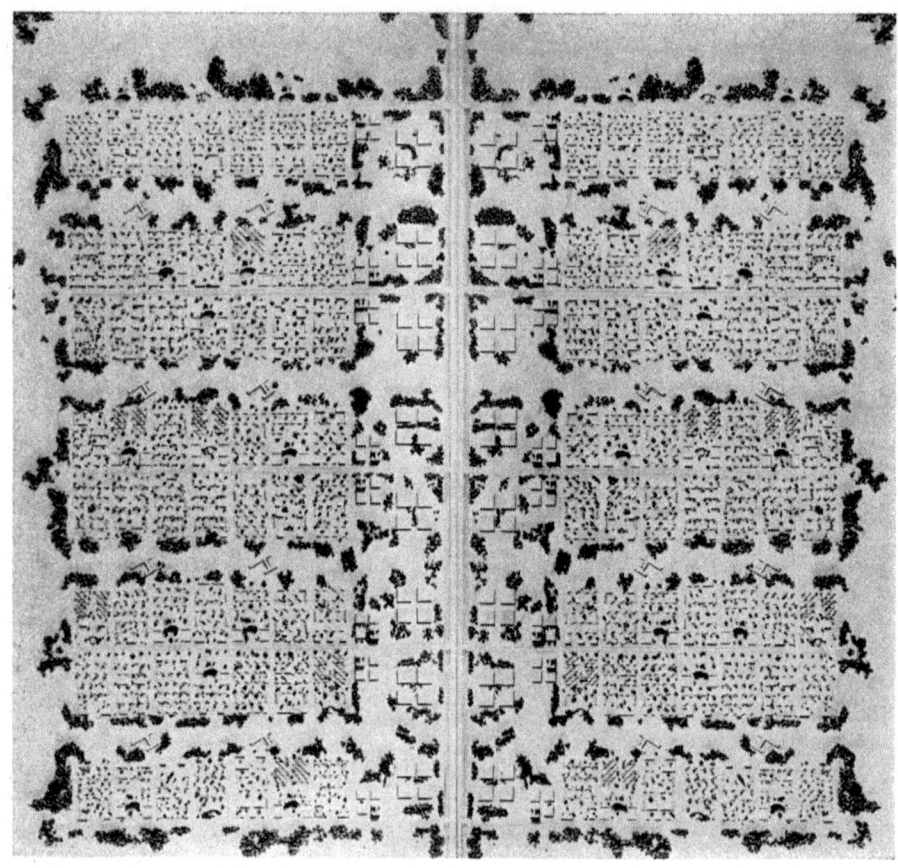

64. Chicago, neu geplant. Eine neue Gemeinde

Jede Gemeinde wird voraussichtlich ihre eigenen Probleme haben; ihre Arbeitsgebiete können deshalb in der Ausdehnung variieren. Das Arbeitsgebiet enthält Industrieanlagen und Bürogebäude sowie die notwendigen Parkplätze. Die Wohnungs-, Arbeits- und Erholungsgebiete liegen so, daß sie im Fußgängerverkehr erreichbar sind. Die Wohneinheiten sind von Grünflächen umgeben, in denen Schulen und andere öffentliche Gebäude ihren Platz haben. Die Schulen dienen gleichzeitig als Gemeinde-Zentren: ihr Auditorium und die Bibliothek können von der Gemeinde benutzt werden. Jeder Durchgangsverkehr im Wohngebiet ist aufgehoben, jedoch ist jedes Haus mit dem Auto zu erreichen. Die Gemeinden sind verhältnismäßig unabhängig und in der Größe begrenzt, was es der Bevölkerung ermöglicht, ihre gemeinsamen Interessen wahrzunehmen und ein eigenes gemeindliches Leben zu haben, das die heutige Großstadt nicht erlaubt. Da die Gemeinden miteinander durch ein differenziertes Verkehrssystem verbunden sind, stehen ihnen außerdem alle Vorteile einer Großstadt zur Verfügung.

64 Wenn Chicago in Übereinstimmung mit diesen Vorschlägen umgebaut
65 würde, würde Ordnung an Stelle von Unordnung treten. Es gäbe keine
66 Slums mehr, keine chaotische Vorortentwicklung, keine Verkehrsgefahren
68 und keine scheinbar unlösbaren Verkehrs- und Parkprobleme. Schritt für
69 Schritt könnte dieses Ziel erreicht werden. Von der bestehenden Stadt würde
70 soviel wie möglich erhalten bleiben. Die erreichte Stabilisierung würde fer-
71 ner Slumbildung verhindern und eine wirkliche Konservierung möglich
72 machen. Chicago würde eine gesunde und angenehme Stadt werden. Durch
73 seine Grünflächen und Gärten würde Chicago vielleicht wieder das werden, was es einmal war — Urbs in Horto — eine Stadt in einem Garten.

65. Detail von Bild 64

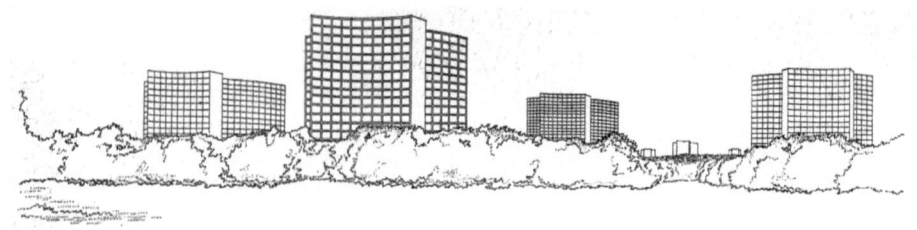

66. Gruppe von Hochhäusern

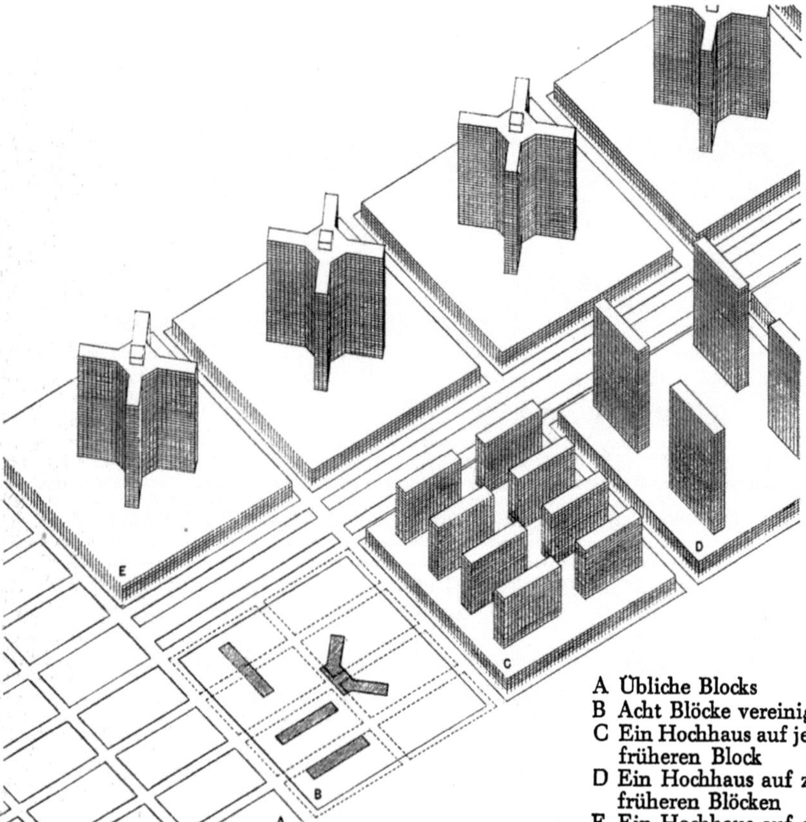

A Übliche Blocks
B Acht Blöcke vereinigt
C Ein Hochhaus auf jedem früheren Block
D Ein Hochhaus auf zwei früheren Blöcken
E Ein Hochhaus auf acht früheren Blöcken

67. Chicago, neu geplant. Geschäftsgebiet

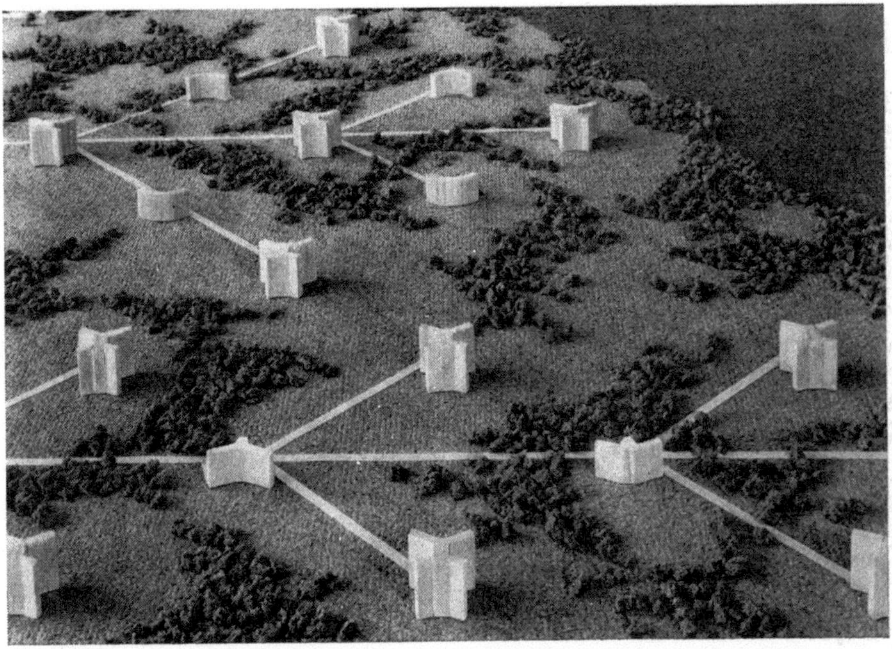

68. Chicago, neu geplant. Gebiet zwischen dem Michigan-See und dem Fox-Fluß

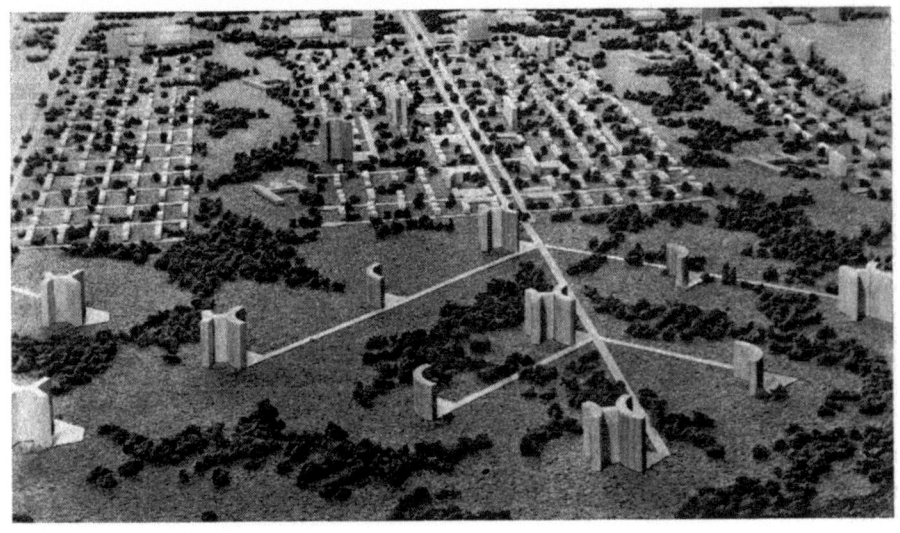

69. Chicago, neu geplant. Blick vom See

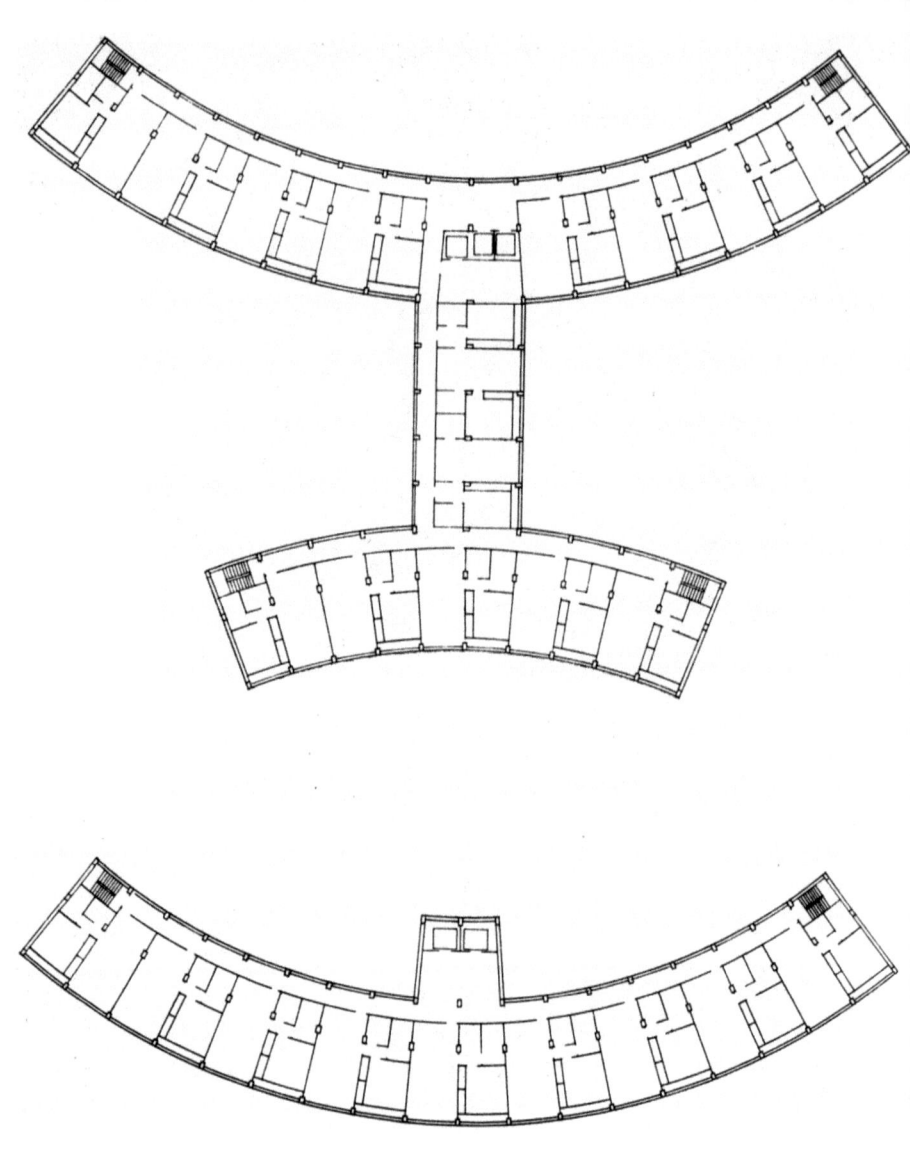

70. Chicago, neu geplant. Grundrisse von Etagenhäusern

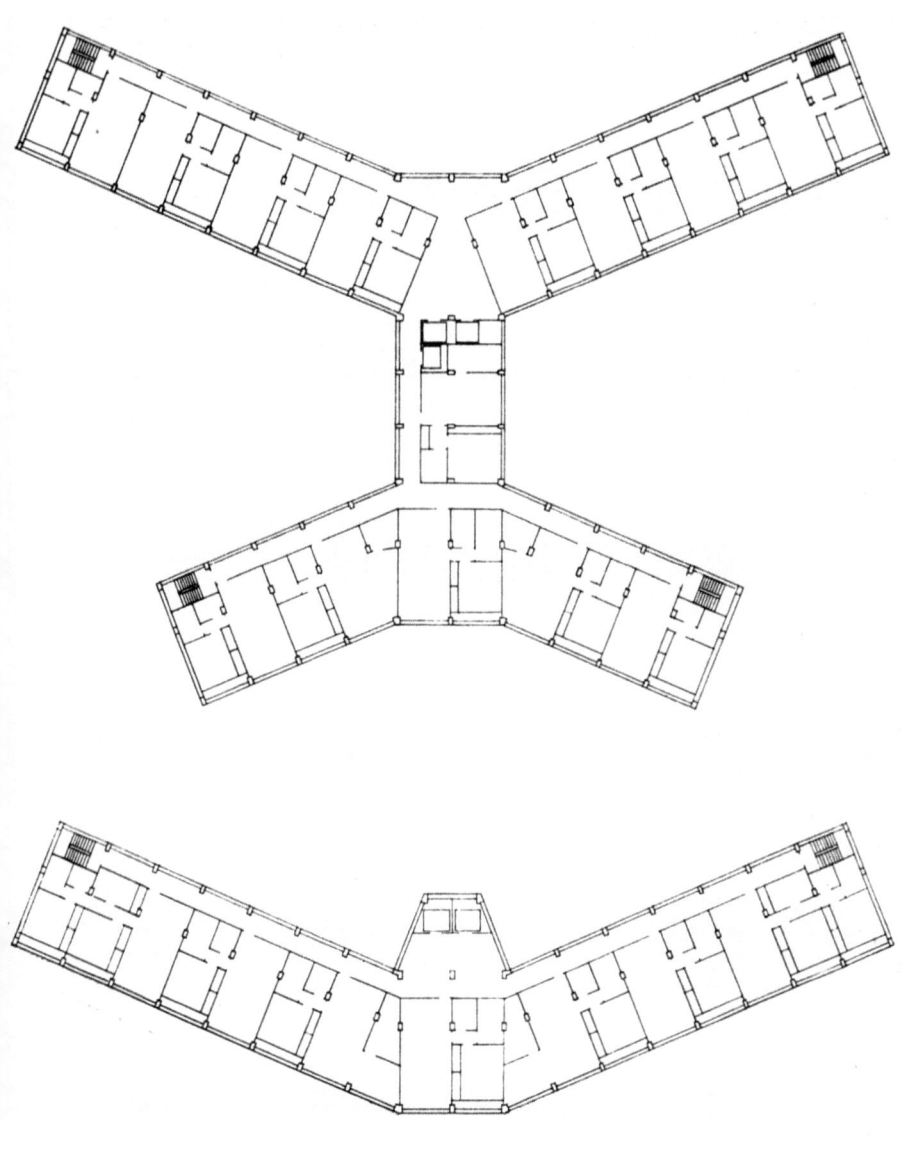

71. Chicago, neu geplant. Grundrisse von Etagenhäusern

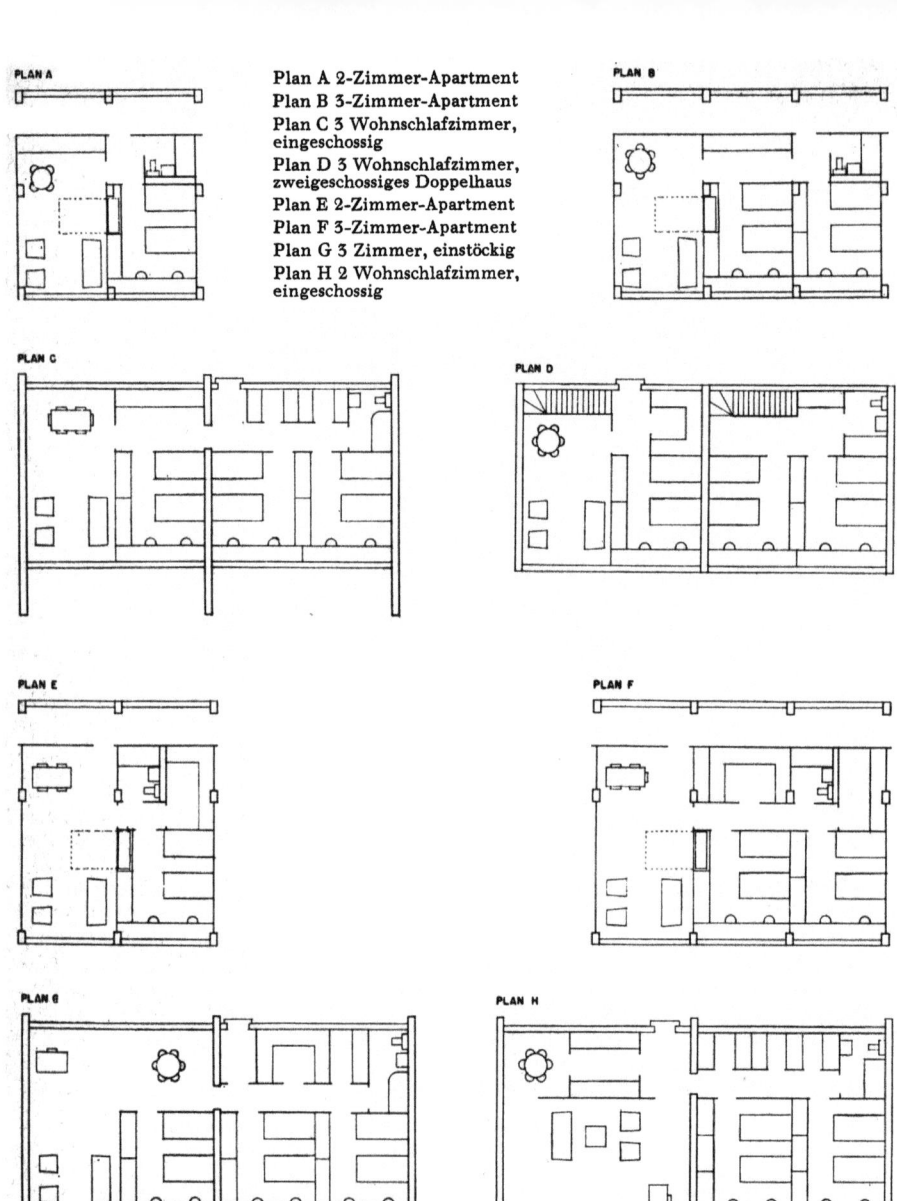

72. Chicago, neu geplant. Haus- und Wohnungsgrundrisse

Plan A 2-Zimmer-Apartment
Plan B 3-Zimmer-Apartment
Plan C 3 Wohnschlafzimmer, eingeschossig
Plan D 3 Wohnschlafzimmer, zweigeschossiges Doppelhaus
Plan E 2-Zimmer-Apartment
Plan F 3-Zimmer-Apartment
Plan G 3 Zimmer, einstöckig
Plan H 2 Wohnschlafzimmer, eingeschossig

XX

Dieser Plan wurde 1950 gemacht. In der Zwischenzeit hat Chicago sich wesentlich verändert. Ein Hauptstraßensystem, besser ein System von Autobahnen, wurde entwickelt. Ein Teil dieses Systems ist innerhalb der Stadtgrenzen bereits fertiggestellt. Dadurch wurden neue Verhältnisse geschaffen. Zwar wurde mit diesen neuen Hauptverkehrsstraßen das Verkehrsproblem nicht gelöst, aber die Stadtstruktur verändert. Außerdem sind zu der gleichen Zeit neue Vororte entstanden, deren Bewohner alle in der Stadt arbeiten und mit ihren Wagen das neue Verkehrssystem so überlasten, daß sein Wert fragwürdig erscheint. Das Verkehrsproblem ist aber ein **Problem der** Stadt. Wir haben vergessen, die Stadt als ein Ganzes zu sehen. Nur wenn wir die Stadt als ein Ganzes betrachten und als Ganzes planen, können wir auch eine Lösung aller ihrer Teilprobleme erwarten.
Wenn man die neuen Hauptverkehrsstraßen durch sekundäre Verkehrsstraßen ergänzte, könnte die Stadt in Gemeinden aufgeteilt werden. Falls

73. Chicago, Planperspektive

nicht schon vorhanden, könnten industrielle Anlagen und kommerzielle Bauten entlang dieser Verkehrsstraßen errichtet werden. Es entstünden so Arbeitsgebiete, die entsprechend geplant und dimensioniert werden müßten. In diesen Arbeitsgebieten könnten die Bewohner dieser Gemeinden Arbeit finden. Das Straßensystem der Wohngebiete muß, wie ich das in meinem Plan für Chicago getan habe, so verändert werden, daß es unseren Siedlungseinheiten entspricht, mit Freiflächen dazwischen für Schulen und Spielplätze. Das Innere einer solchen Gemeinde kann nach und nach in einen Park, das Erholungsgebiet der Gemeinde, umgewandelt werden, die damit dann alle die Gebiete für Arbeit, Wohnen und Erholung enthält, die wesentlich für sie sind. Wenn man diese Gebiete untereinander für den Fußgängerverkehr verbindet, wird sowohl der lokale Verkehr in den Gemeinden als auch der Verkehr zum Stadtzentrum verringert. Denn die Umformung von Vororten in Gemeinden reduziert den Verkehr zum Stadtzentrum.

Solche Überlegungen und Betrachtungen liegen dem Plan für Seattle zugrunde, von dem hier drei charakteristische Stufen dargestellt sind. Die erste zeigt die Stadt, wie sie heute ist. Das Industriegebiet entwickelte sich am Hafen und am Fluß entlang. Das Geschäftsgebiet liegt nördlich davon. Das Wohngebiet umgibt diese Gebiete. Vororte entstanden, zuerst im Norden und später zwischen den beiden Seen und schließlich weiter im Osten.

Die zweite Stufe zeigt einen Zwischenzustand. Die vorhandenen Hauptverkehrsstraßen sind ergänzt worden, und die künftigen Gemeinden beginnen sich zu formen. Entlang einiger Hauptverkehrsstraßen haben sich Arbeitsgebiete entwickelt. In den anschließenden Wohngebieten sind Straßen geschlossen; einige sind herausgenommen worden, um den Durchgangsverkehr zu verhindern. Auch Blocks sind herausgenommen worden, dort ist Platz für die künftigen Erholungsgebiete. Zwischen den beiden Seen ersetzen neue Gebiete jene Teile, die aus der Stadt eliminiert wurden.

Die dritte Stufe veranschaulicht einen möglichen Endzustand. Die Stadt mit ihren Vororten ist in relativ unabhängige Gemeinden aufgelöst, die von Verkehrsstraßen umgeben sind. Entlang dieser Straßen sind die Arbeitsgebiete für Industrie und Handel angeordnet (durch dunkle Flächen kenntlich gemacht). Die Ausdehnung dieser Gebiete ist verschieden, da manche Industrien mehr, andere weniger Raum benötigen.

Die Wohngebiete, die mit denen der Arbeit verbunden sind, bestehen aus Siedlungseinheiten. Zwischen ihnen sind Grünstreifen, in denen die Schulen liegen. Alle diese Grünstreifen führen in einen zentralen Park, in dem die erforderlichen Gemeindebauten ihren Ort haben. In allen Gemeinden sind die Arbeits-, Wohn- und Erholungsgebiete im Fußgängerverkehr untereinander verbunden; dadurch wird der lokale Verkehr auf ein Mindestmaß beschränkt. Auf der Insel im westlichen See befinden sich die zentrale Verwaltung und diejenigen kommerziellen Anlagen, die der ganzen Stadt dienen. Die Eisenbahn bleibt in ihrer gegenwärtigen Position, ebenso der Hauptbahnhof. Die Fernverkehrsstraße verläuft östlich der Stadt.

74. Seattle, bestehender Zustand

75. Seattle, erste Stufe der Neuplanung

76. Seattle, möglicher Endzustand

XXI

Chicago ist eine viel größere Stadt als Seattle. Trotzdem kann die gleiche Methode der Umformung auch für Chicago angewendet werden. Unsere Planungsskizze demonstriert es. Da die neu angelegten Verkehrsstraßen, wie bereits bemerkt, richtige Autobahnen sind und sich daher in größeren Abständen voneinander befinden, war es notwendig, sie durch lokale Verkehrsstraßen zu ergänzen. Diese lokalen Straßen formen zusammen mit den Autobahnen die Grenzen der zu bildenden Gemeinden, in die das Stadtgebiet von Chicago aufgeteilt wird. Jede Gemeinde besteht aus den drei charakteristischen Gebieten. Die Arbeitsgebiete liegen entlang den Verkehrsadern. Ihnen schließen sich die Wohngebiete an, während im Innern der Gemeinden sich das Erholungsgebiet befindet. Alle drei Gebiete sind untereinander im Fußgängerverkehr verbunden.
Die Parks der Erholungsgebiete sind in den verschiedenen Gemeinden auch von verschiedener Größe, entsprechend den örtlichen Verhältnissen. Einige sind verhältnismäßig klein, während andere, die bereits vorhanden waren und sich entlang der Bäche und Flüsse entwickelten, größer sind. Die kleineren wie auch die größeren werden jedoch fürs Auge dadurch erweitert, daß die Bebauung der anschließenden Wohngebiete eine Mischbebauung ist, die aus Einfamilienhäusern und Wohnhochhäusern besteht. Während die Einfamilienhäuser hinter der Bepflanzung ihrer Gärten und den Bäumen des Parks verschwinden, sind nur die verhältnismäßig wenigen Hochhäuser zu sehen. Dadurch ergibt sich eine optische Erweiterung des Parkraumes, die durch die Fernwirkung der Hochhäuser im Hintergrund noch verstärkt wird, wie es unsere Skizze veranschaulicht.
Die Parkanlagen am See wurden vereinigt und erweitert. Da jede Gemeinde ihr eigenes Erholungsgebiet hat, wurden auch im Seepark Wohnhochhäuser angeordnet, jedoch in großen Abständen voneinander, um den Parkcharakter zu bewahren.
Der Park am Seeufer ist mit den Parks der Gemeinden verbunden, wie auch die meisten der Gemeindeparks untereinander Verbindung haben. Dadurch entsteht ein System von Grünräumen, das zusammenhängend die ganze Stadt durchzieht.
Das Geschäfts- und Verwaltungsgebiet verbleibt in seiner gegenwärtigen Lage. Es wurde jedoch in seiner Breite reduziert, kann aber, wenn notwendig, sowohl nach Süden als auch nach Norden verlängert werden. Wie bei dem vorhergehenden Plan für Chicago wurden auch in diesem Falle Blocks zu einer größeren Einheit vereinigt. Eine solche Einheit besteht aus einem zweigeschossigen Unterbau, der den ganzen größeren Block bedeckt und Garagen und Lagerräume enthält. Auf diesem Unterbau erheben sich ein viergeschossiger Teil, der Warenhäuser, Banken und Läden enthält, sowie

ein Hochhaus mit Büros. Um den Fußgängerverkehr vom Autoverkehr zu trennen, wurde er auf den zweigeschossigen Gebäudeteil verlegt; die Autostraßen sind mit Gehwegen überbrückt. Auf beiden Seiten und am Geschäftsgebiet entlang befinden sich Wohnhochhäuser für die darin Beschäftigten.

Die Schwerindustrie verbleibt gleichfalls in ihrer gegenwärtigen Lage im Süden der Stadt. Die dazugehörigen Wohngebiete wurden jedoch von ihr getrennt und landeinwärts verlegt, damit sie unbehelligt bleiben vom nachteiligen Einfluß der verunreinigten Luft. Diese Wohngebiete müssen mit öffentlichen Verkehrsmitteln mit der Schwerindustrie verbunden werden.

Die anderen luftverunreinigenden Industrien wurden ganz aus dem Stadtgebiet herausgenommen und am Des-Plaines-Fluß entlang mit ihren Wohngebieten angeordnet und den vorherrschenden Winden entsprechend geplant.

In die Vororte der Stadt, die heute nur Dormitorien, Schlafgelegenheiten der in der Stadt Arbeitenden, sind, wurden gleichfalls Arbeitsgebiete gelegt, in denen die Bewohner Arbeit finden. Dadurch werden diese Vororte zu verhältnismäßig unabhängigen Gemeinden. Ihre Erholungsgebiete liegen nicht, wie bei den Stadtgemeinden, in ihrem Innern, sondern umgeben sie. Mit den Teilen, die aus der Stadt und aus den Vororten herausgenommen wurden, werden Gemeinden außerhalb des Stadtgebiets gebildet.

Da im ganzen Stadtraum Arbeits- und Wohngebiete, mit Ausnahme der Schwerindustrie, untereinander im Fußgängerverkehr erreichbar sind, wird der lokale Verkehr nahezu gänzlich aufgehoben. Der Verkehr nach dem Stadtzentrum ist auf ein Minimum beschränkt.

Die Eisenbahn, die die Stadt heute in allen Richtungen durchquert, wurde auf die wesentlichen Linien reduziert, die sämtlich in einen Zentralbahnhof münden. Dieser liegt gegenüber dem Geschäftsgebiet in der Nähe des Flusses. Die Güterbahnhöfe mit ihren Lagerhäusern befinden sich außerhalb der Stadt, meist an Stellen, wo sich zwei Linien vereinigen.

Die Stadt wird, wie der Regionalplan der Chicago-Area zeigt, durch neue Gemeinden erweitert. Diese können entsprechend ihren Verkehrsansprüchen entlang den Hauptverkehrslinien, Eisenbahnen, Autobahnen oder Wasserwegen, angeordnet werden.

Es wurde bereits darauf hingewiesen, daß dieser Plan nur als eine Skizze aufzufassen ist, die eine Idee zum Ausdruck bringt. Diese Skizze ist ein Rahmen, in welchem sich die Umformung der Stadt graduell vollziehen kann. Jede der einzelnen Gemeinden, in die die Stadt aufgelöst wird, hat selbstverständlich ihre besonderen örtlich bedingten Probleme, die eine spezielle Lösung verlangen, die im Detail ausgearbeitet werden muß. Diese Detailstudien werden unter Umständen den Plan modifizieren, ohne jedoch sein Wesentliches aufzuheben.

Im allgemeinen ist die Stadt, so wie sie heute ist, akzeptiert. Trotz ihrer Mißstände, die als notwendiges Übel hingenommen werden. Die Verände-

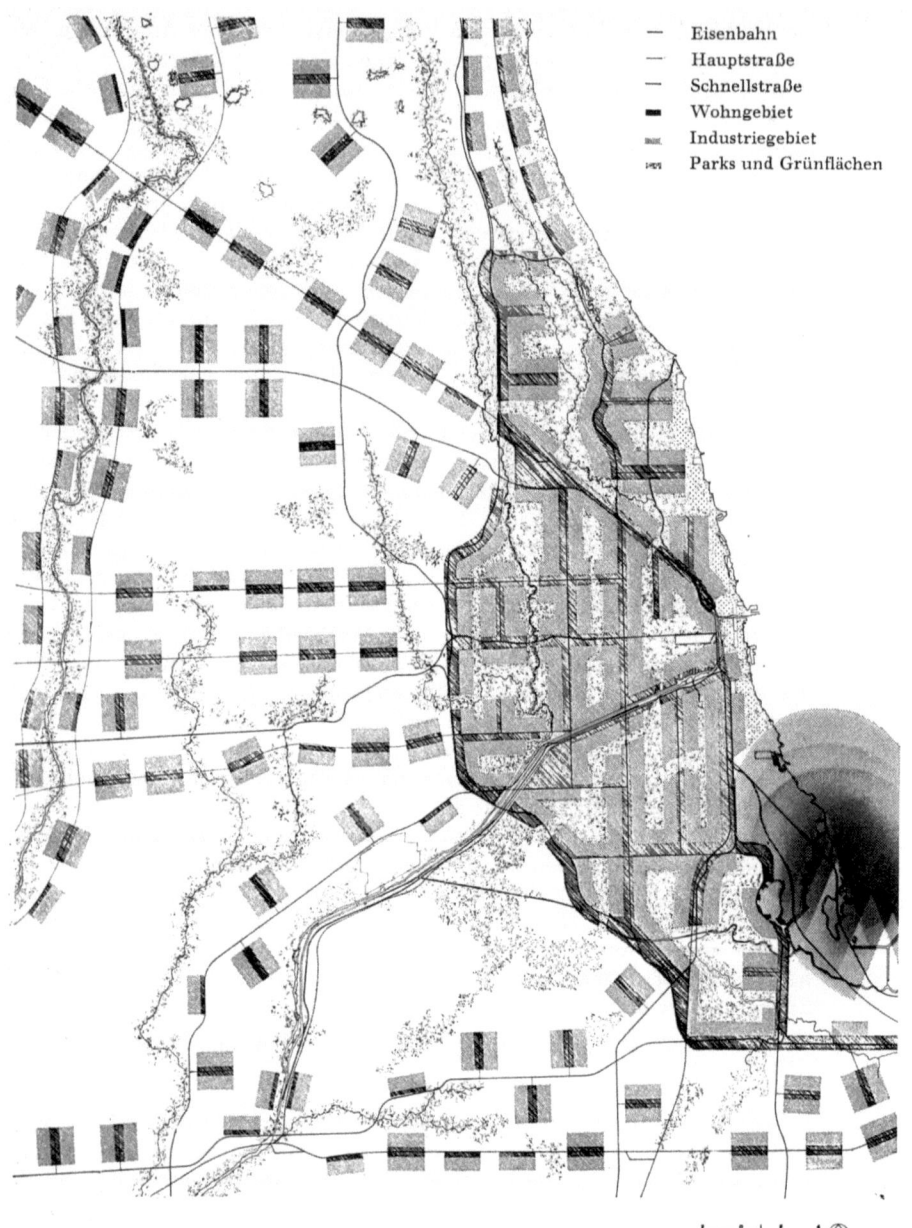

77. Chicago, Planskizze. Gebiet zwischen Michigan-See und Fox-Fluß

rungen, die ich vorschlug, werden daher nicht ohne weiteres angenommen werden, weil damit auch eine Veränderung der Gewohnheiten zusammenhängt. Ich glaube jedoch, daß sehr bald die meisten die großen Vorteile einer solchen Stadtumformung erkennen würden. Sie würden nicht nur Zeit und Geld sparen, sondern auch Energie. Sie würden nicht mehr den Überanstrengungen durch die heutigen Verkehrsverhältnisse ausgesetzt sein. Die Einheit der Stadt würde erhalten bleiben und damit alle ihre Vorteile, während ihre Nachteile verschwinden.

Es würde ein großes Wunder sein, wenn ein Magier mit einer Bewegung seines Zauberstabes die Dinge, wie sie sind, so verwandelte, daß sie werden, wie sie sein sollten. Magier jedoch gibt es nicht! Wir selbst müssen diese Wunder bewerkstelligen. Haben wir die Entschlußfähigkeit, die das »magische« Mittel ist, eine solche Idee zu verwirklichen? Sie zu einer Realität zu machen?

XXII

Alle diese Studien bezwecken eine Verländlichung der Stadt. Sie sollen also zu einer Verstädterung des Landes führen. Wenn die tätigen Kräfte, die jetzt in den großen Städten konzentriert sind, gleichmäßiger verteilt würden, könnten sie sich über das ganze Land ausdehnen; Stadt und Land würden sich einander annähern, sich gegenseitig in kultureller, materieller und geistiger Hinsicht günstig beeinflussen. Gesunde Lebensbedingungen würden überall wiederhergestellt. Die Annehmlichkeiten des Lebens in der Stadt würden mit denen des Landlebens verbunden werden, die gegenseitigen Nachteile verschwinden. Wälder und Grünflächen an Flüssen entlang und um Seen herum könnten in die Siedlung eingegliedert und zu ihrem natürlichen Erholungsgebiet werden. Mit den angrenzenden Feldern und Wiesen würden sie zu einer produktiven Landschaft. Solche Gedanken führen naturgemäß zur Planung der Region, von der die Stadt nur ein Teil ist.

Die medizinische Wissenschaft, die längst die Gefahr zu großer Spezialisierung erkannt hat, behauptet, es gäbe keine Krankheit, nur kranke Menschen. Ebenso sollte es den Planern klar sein, daß, wenn man verbessern will, der Blick auf das Ganze gerichtet werden muß und niemals auf einen isolier-

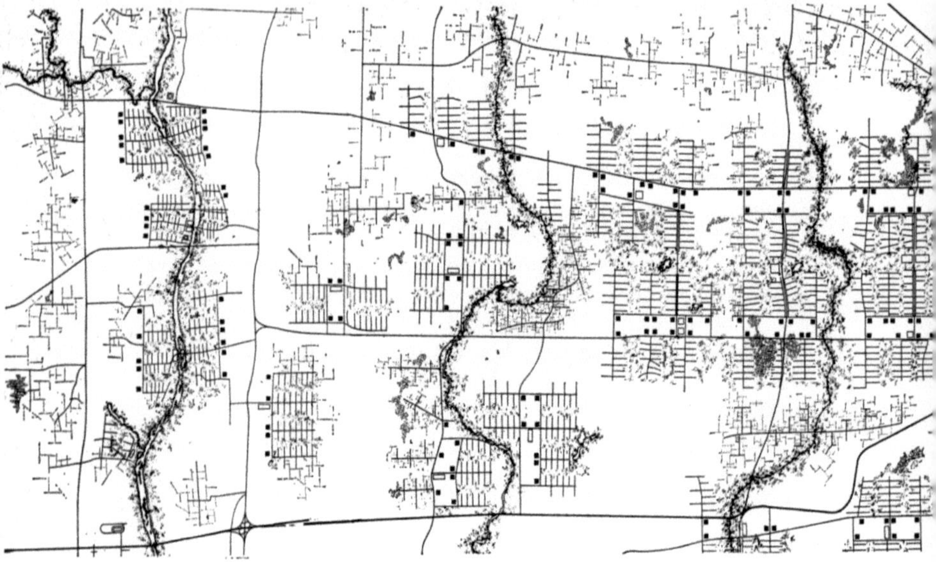

78. Detail aus Bild 77

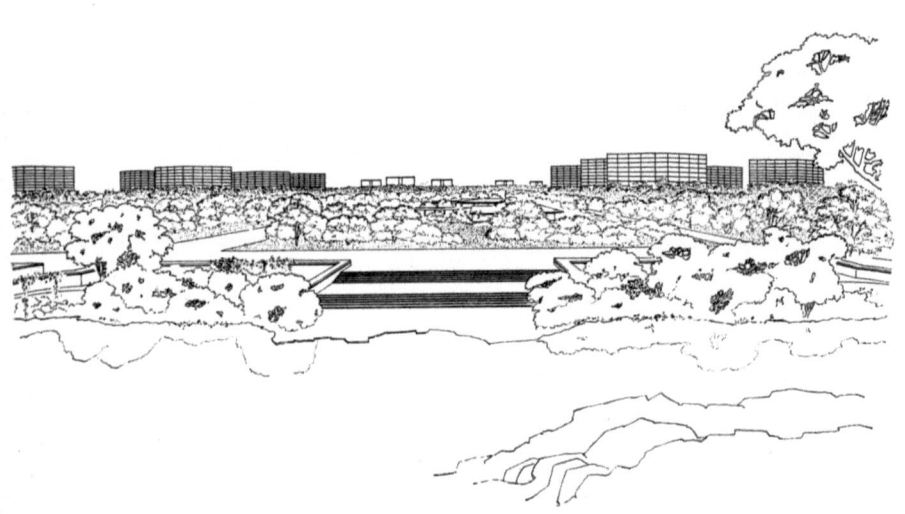

79. Chicago, Park eines Wohngebiets

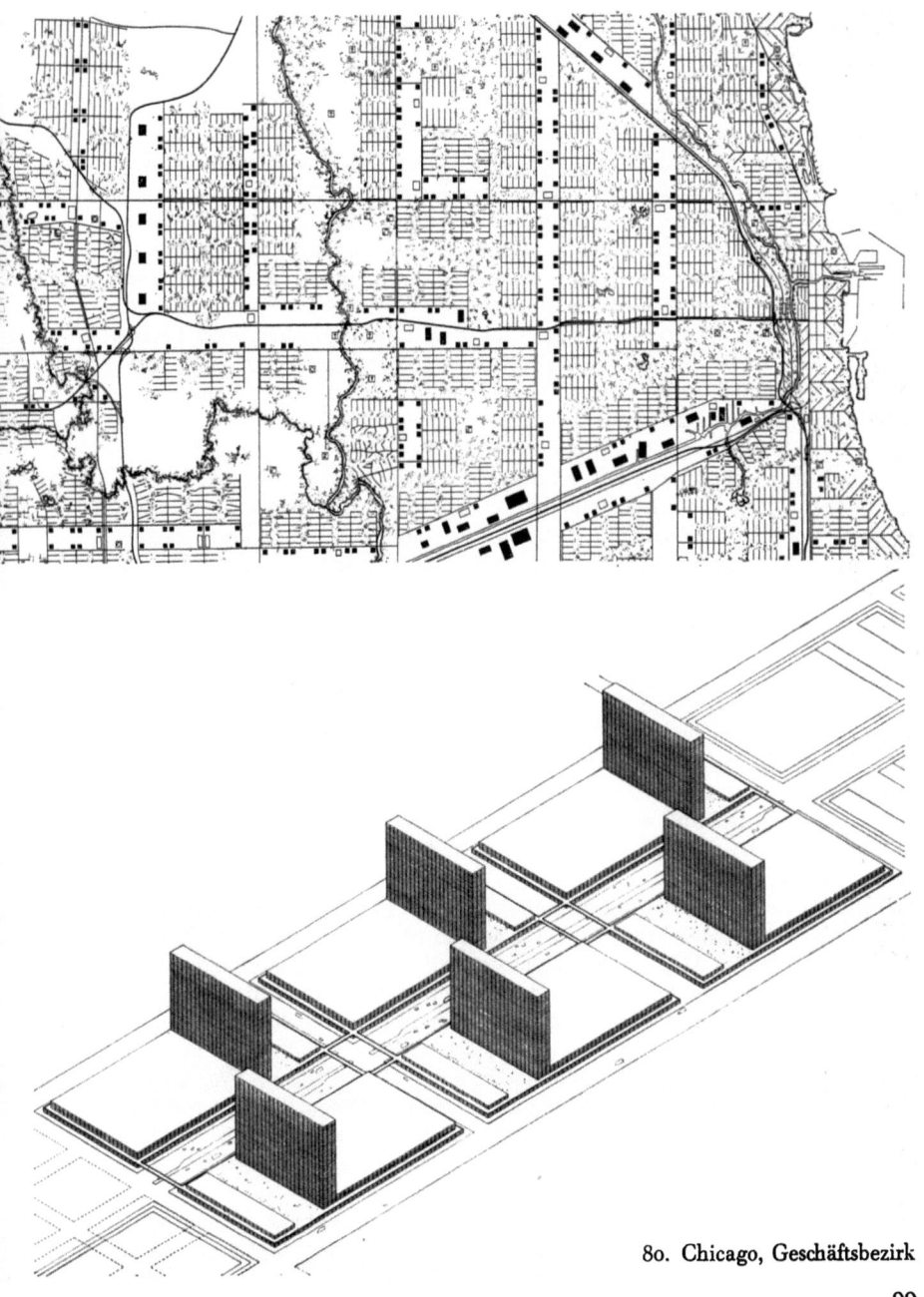

80. Chicago, Geschäftsbezirk

ten Teil. Es ist von größter Wichtigkeit, daß spezielle Probleme niemals an und für sich, sondern immer in ihrer Beziehung zum Ganzen betrachtet werden, denn nur dann können die Stadt wie auch die Region ein gesundes und organisches, gut arbeitendes Ganzes werden.
Da die Region die Stadt mit einschließt, ist sie weit umfassender als die Stadt selbst. Regionalplanung befaßt sich mit der Natur, wie auch mit dem Leben in allen seinen Erscheinungen. Eine Region kann als ein organisches Ganzes bezeichnet werden, als ein »Organismus«, in dem das Ganze zu den Teilen in Beziehung steht, wie die Teile zum Ganzen. Eine Region ist ein sich selbst erhaltendes Gebiet, ein dem Lande eingeordneter Teil, eine natürliche Einheit. Ihre Grenzen sind niemals Flüsse, eher Wasserscheiden. In manchen Fällen kann eine Region mit dem Drainagegebiet eines Flusses oder Sees identisch sein. Entscheidend ist die geographische und klimatische Einheit, nicht die Größe. Eine Region erhält sich auf Grund ihrer geographischen Einheit, den natürlichen Gegebenheiten und der Bodenbeschaffenheit. Sie kann eine ausgeglichene Produktion haben, die auf der Mannigfaltigkeit ihrer Landwirtschaft beruht und auf einer Industrie, die sich mit der Verarbeitung ihrer Rohstoffe befaßt. Unerläßlich ist auch der Handel in einer solchen Region. Seine Funktion ist, das Fehlende in einer Region mit dem Überfluß einer anderen auszugleichen. Regionale Wirtschaft setzt daher keine Autarkie voraus. Sie bedeutet nur, daß die Region nichts, was sie selbst an Nahrungsmitteln und Waren produzieren kann, einführt. Ihr Produktionsüberschuß sollte gegen Güter ausgetauscht werden, die die Region nicht produzieren kann. Es gibt jedoch Regionen, die nur eine Rohstoff-Wirtschaft haben und die ihre Rohstoffe gegen Lebensmittel und andere Waren austauschen müssen. Es ist dies jedoch eine Ausnahme und würde den Begriff der regionalen Wirtschaft nur gradmäßig, nicht im Prinzip ändern. Ein Austausch von Gütern kann innerhalb sämtlicher Regionen stattfinden, ebenso mit anderen Ländern, was schließlich eine neue und gesunde Wirtschaft zur Folge hätte, eine stabilere Welt ohne Ausbeutung anderer Regionen.
Zwei Faktoren bestimmen das regionale Planen: die physische Struktur der Region, also das, was naturgemäß vorhanden ist, und das, was der Mensch aus den gegebenen Möglichkeiten machen will. Zum Verständnis der physischen Struktur einer Region und der Möglichkeiten ihrer Entwicklung ist es nötig, eine durchgreifende Bestandsaufnahme der natürlichen Gegebenheiten, wie Geographie, Topographie, klimatische Verhältnisse, Temperaturen, Regen und Winde, Bodenbeschaffenheit, Vegetation, Wachstums-Perioden, Wasserschätze, Mineralien und andere Hilfsquellen, zu machen. Hinzu kommen die vom Menschen geschaffenen Gegebenheiten, wie Bevölkerungsverteilung, Beschäftigung, Siedlungen und Verkehrswege, landwirtschaftliche und industrielle Produktion.
Die Bestandsaufnahme dieser Faktoren wird die Entwicklung der landwirtschaftlichen und industriellen Möglichkeiten der Region bestimmen. Die

Industrien, die von Rohstoffen abhängen, werden am besten an deren Standort angeordnet. Die Lage der verarbeitenden Industrien kann von Verkehrsmöglichkeiten, wie Wasserwegen, Eisenbahnlinien, Landstraßen und topographischen Faktoren, bestimmt werden. Bodenbeschaffenheit und Klima erfordern eine Karte, die anzeigt, wie der vorhandene Boden am besten landwirtschaftlich zu benutzen ist, für Feldwirtschaft, Weideland oder Wald. Manche Böden sind besser für Getreide, manche besser für Weideland oder Waldwirtschaft geeignet. Die Topographie wird ebenfalls von Einfluß sein. Erhebungen, Hügel und Berge sollten stets mit Wald angepflanzt werden. Hänge sollten Weideland sein, in das das Regenwasser einsickert und nicht abläuft; Bodenerosion wird so verhütet. Dies wird auch den hydrologischen Kreislauf aufrechterhalten, der durch Niederschlag und Verdunstung entsteht. Die in der Ebene liegenden Gebiete sind am fruchtbarsten und am besten für Getreidepflanzung geeignet. Bäume und Gehölz wirken auch als Windbrecher und sind ein Schutz gegen Winderosion. Sie sind nötig zum Schutz der Ufer von Wasserläufen und Flüssen. In diesen Gehölzen und Wäldern kann Wild leben. Auch können sie das notwendige Holz für die verschiedenen Erfordernisse der Region liefern.

Wenn das Fällen und Wiederanpflanzen sorgfältig und planmäßig gehandhabt wird, kann der Holzbedarf der Region für die Gegenwart wie auch für die Zukunft gesichert werden.

Es hängt von den menschlichen Absichten ab, wie das Land und seine Hilfsquellen gebraucht werden. Er kann sie ausbeuten und schließlich erschöpfen. Er kann den Boden so ausnutzen, daß er ihn schließlich zerstört. Aber er kann ihn auch so benutzen, wie es die Gesetze der Natur verlangen. Er kann die Region als ein lebendes Ganzes ansehen, das Leben unterstützt und erhält. Er kann die Region für die Gegenwart wie auch für die kommenden Generationen nutzbar machen.

Boden, Wasser und Sonne sind die Hauptlebensquellen. Der Mensch hat keinen Einfluß auf die Sonne, aber auf Boden und Wasser. Es ist sehr bedauerlich, daß dieser sein Einfluß zuweilen völlig zerstörend war. Abholzen der Hügel und Berge, unbegrenzte Nutzung des Weidelandes auf den Hängen oder sein Umpflügen in der Ebene sind Maßnahmen, die das natürliche Gleichgewicht zerstören. Das Resultat ist Erosion und schließlich Verwüstung des Landes, oft zu einem solchen Grad, daß es kaum Leben erhalten kann. Wir könnten, wenn nötig, ohne Stahl existieren, aber bestimmt nicht ohne fruchtbaren Boden und Wasser, die, wie die Sonne, wesentlich für alles Lebendige sind und von denen alles abhängt. Was immer der Mensch tut, wird die Region beeinflussen und somit sein eigenes Leben und das Leben kommender Generationen.

Regionale Planung gibt auch den Rahmen für Dezentralisierung. Dezentralisierung ist eine Tendenz unserer Zeit, und sie ist es in weit stärkerem Maße, als wir zugeben wollen. Aber ungeplant, wie sie ist, werden auf dem Lande bald dieselben chaotischen Verhältnisse und der gleiche Slumcharakter herrschen wie in unseren Städten. Schon zeigen das die Vororte, die um unsere Städte herum uneingeschränkt entstehen. Dasjenige, was konzentriert werden soll, können wir konzentrieren. Aber wir können auch das, was besser dezentralisiert werden sollte, dezentralisieren. Jedoch sollte nicht absichtlich Größe durch Kleinheit ersetzt werden, das Maximum durch das Minimum. Es sollte besser versucht werden, für alles die bestmögliche, optimale Größe zu finden und die Elemente dementsprechend aufzubauen. Unser Ziel ist es, unnötige Konzentration und Zentralisation zu vermeiden und eine Integration von Stadt und Land, Industrie und Landwirtschaft zu erreichen.

Ebenso wie bei der Stadtplanung handelt es sich bei der regionalen Planung mehr darum, einen Rahmen für das zu Planende zu schaffen, als lokale Einzelheiten zu behandeln. Ein solcher Rahmen soll ein freies und unbeschränktes Wachstum möglich machen. Die lokale Planung wird immer von örtlichen Bedingungen und Möglichkeiten beeinflußt werden. Das Ziel der regionalen Planung ist, eine harmonische Beziehung zwischen ländlichen und städtischen Aktivitäten und ihren Siedlungen herzustellen; sie will eine organische Ordnung schaffen, die dem Wohl des Einzelnen wie der Gesamtheit dient.

XXIII

Der regionale Plan für die Chicago-Area reicht von Milwaukee im Norden bis St. Louis im Südwesten und Indianapolis im Südosten. Er beruht auf einer grundlegenden Bestandsaufnahme, die ich mit einer Gruppe von Studenten am Illinois Institute of Technology machte. Bei dieser Bestandsaufnahme ging es um die natürlichen Gegebenheiten, wie Topographie, Regenfälle, Winde, Boden, Klima und Wachstumsperioden, um die Lage der natürlichen Hilfsquellen, der Mineralien, Steine und verschiedenen Arten von Erden für industrielle Zwecke. Hinzu kamen die von den Menschen geschaffenen Gegebenheiten: die Bevölkerungsverteilung zu verschiedenen Zeiten, die Entwicklung der Verkehrswege, wie Landstraßen, Wasserwege und Eisenbahnen, sowie die gegenwärtige Lage der Siedlungen und Industrien.

Die Region Chicago ist ein Teil der großen Ebene, die sich von den Appalachian-Bergen bis zu den Rocky Mountains erstreckt. Sie wird vom Mississippi und vom Michigansee entwässert. Verschiedene Flüsse durchschneiden die Ebene. Sie haben stellenweise Steilufer. Das ganze Gebiet ist eine Prärielandschaft mit leichten Erhebungen, die ursprünglich mit Gras bedeckt waren. Der Boden ist von großer Fruchtbarkeit und durch ausreichende Regenfälle für intensive Landwirtschaft prädestiniert.

Jedoch ist das Gebiet nicht nur im Hinblick auf Agrarwirtschaft bevorzugt, sondern hat auch große industrielle Möglichkeiten. Es besitzt reiche Kohlenlager und nicht weit davon Lager von Eisenerzen in Minnesota. Die großen Seen sind Wasserwege für den Erztransport zu den Hütten.

Die großen wirtschaftlichen Möglichkeiten dieses Gebiets wurden schon früh erkannt und entwickelt. Naturgemäß zogen die landwirtschaftlichen Möglichkeiten die ersten Siedler an. Sie kamen nicht nur aus dem Osten der Vereinigten Staaten, sondern auch aus Europa, um sich auf diesem reichen Boden niederzulassen. Da sich keine natürlichen Hindernisse in den Weg stellten, verteilten sich die Bevölkerung und die Farmen fast gleichmäßig,

81 wie die Bevölkerungskarte von 1850 zeigt. Die Farmer lebten hauptsächlich auf ihren Farmen. Es gab einige kleinere Städte als Marktzentren, aber nur wenige größere Städte. St. Louis war damals die größte Stadt in dieser Region. Es erhielt seine Bedeutung durch die Lage an der Mündung des Missouri in den Mississippi, die damals die Hauptverkehrswege waren. Chicago, das jetzt dieses Gebiet beherrscht, war damals viel kleiner. Das große industrielle Potential der Region wurde noch nicht genutzt. In dieser Periode tauschte das Gebiet seine landwirtschaftlichen Produkte noch gegen industrielle Waren aus dem Osten aus. Chicagos günstige Verkehrslage an dem interkontinentalen Binnenwasserweg machte es zum Mittelpunkt dieses Austauschs. Es wurde zum schnell wachsenden Handelszentrum eines reichen landwirtschaftlichen Hinterlandes.

In den Jahrzehnten zwischen 1850 und 1900 war diese Region dann großen
82 Veränderungen unterworfen, wie die Bevölkerungsverteilung von 1900 verrät. Zwei Faktoren waren die Gründe für diese Veränderung: der Bau von Eisenbahnen und die Entwicklung der Industrien. Die Eisenbahnen intensivierten die Besiedlung dieses Gebiets. Und zwar wuchs sowohl die landwirtschaftliche Bevölkerung als auch die der kleineren und größeren Städte. Neue Städte entstanden entlang der Eisenbahnlinien. Die meisten von ihnen waren Marktstädte, andere Bergwerks- oder Industriestädte. Einige wurden Großstädte, Chicago entwickelte sich zu einer Metropole, weil als Folge der industriellen Entwicklung die Industriestädte besonders schnell wuchsen. Chicago hatte besonders günstige Voraussetzungen für seine Entwicklung. Die Stadt wurde nicht nur zu einem wachsenden Markt und Fabrikationsmittelpunkt mit riesigem Arbeitspotential, sondern auch zu einem Hauptknotenpunkt der Eisenbahn und in der Folge zum zentralen Ort der Staaten für Schlachthäuser. Die Stadt hatte auch den großen Vorteil, zwischen der Kohle im Süden und dem Eisenerz im Norden zu liegen. So entstanden hier die Stahlindustrie und mit ihr die verarbeitenden Industrien.

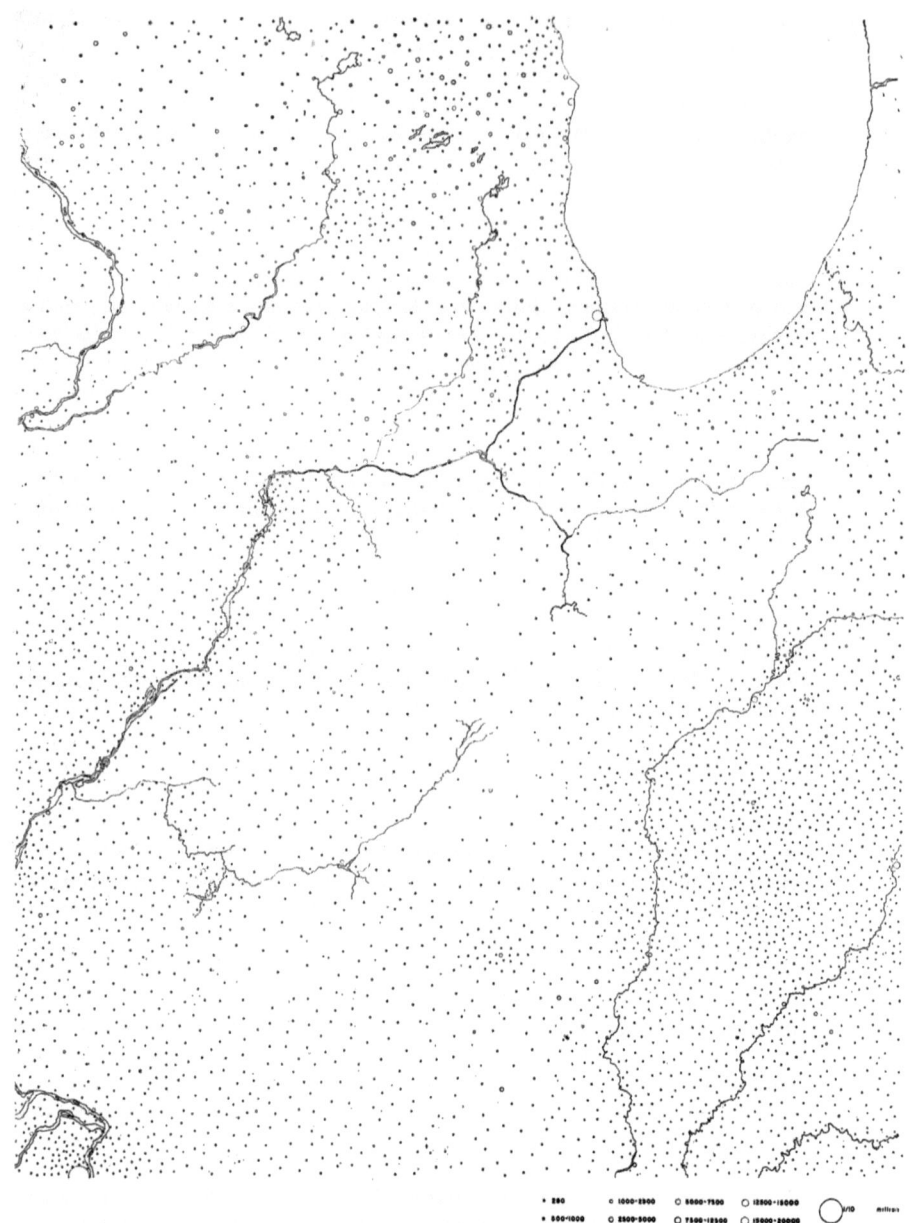

81. Das Gebiet um Chicago, Bevölkerungsverteilung 1850

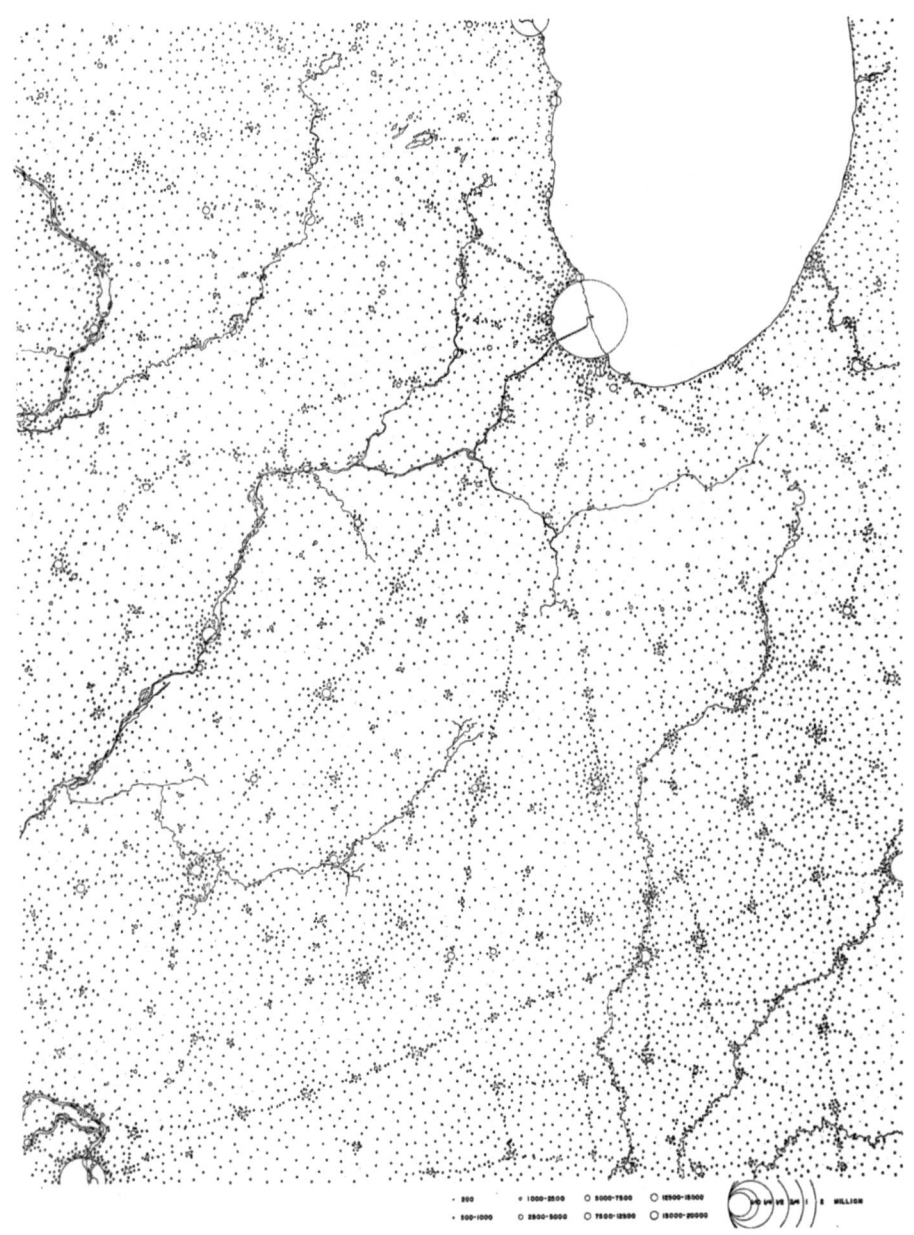

82. Das Gebiet um Chicago, Bevölkerungsverteilung 1900

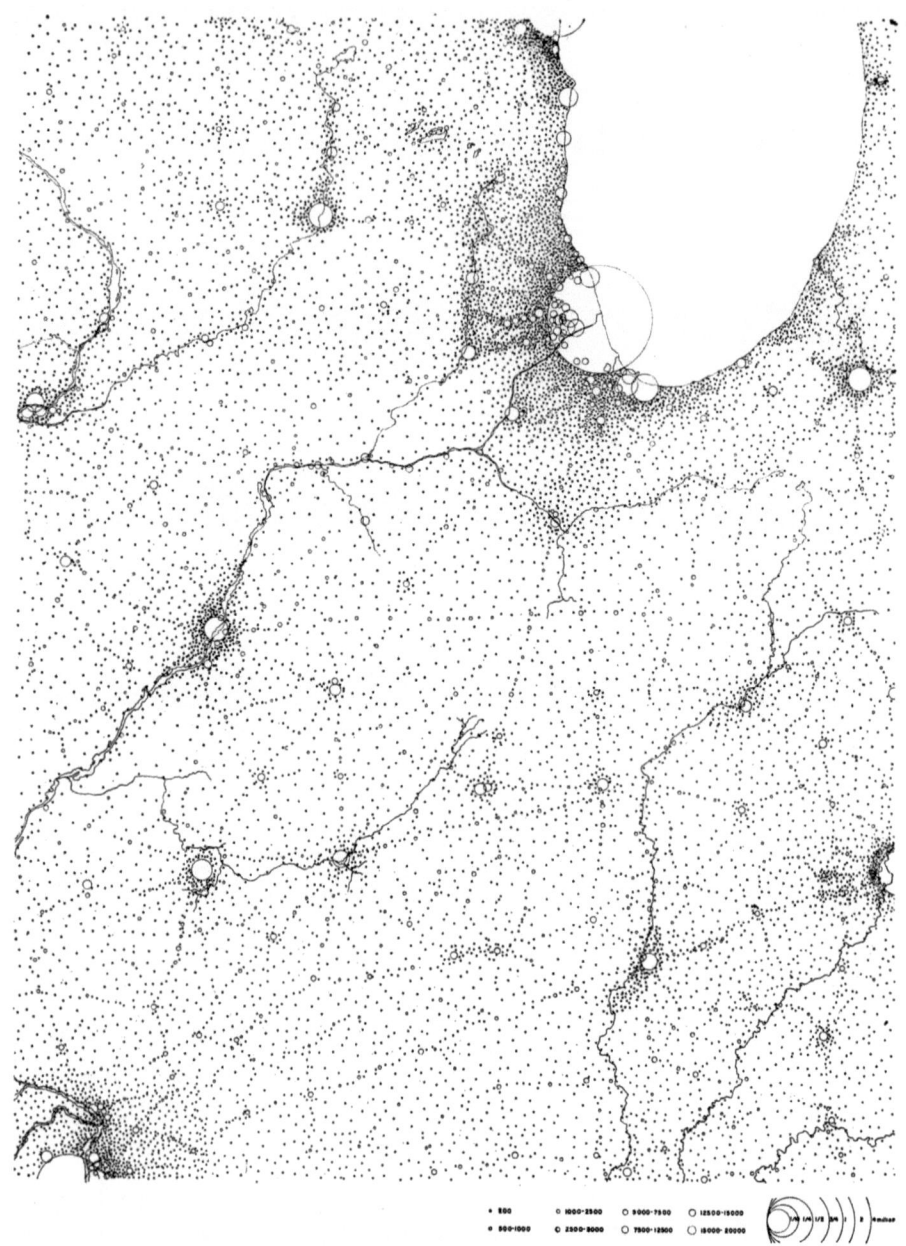

83. Das Gebiet um Chicago, Bevölkerungsverteilung 1950

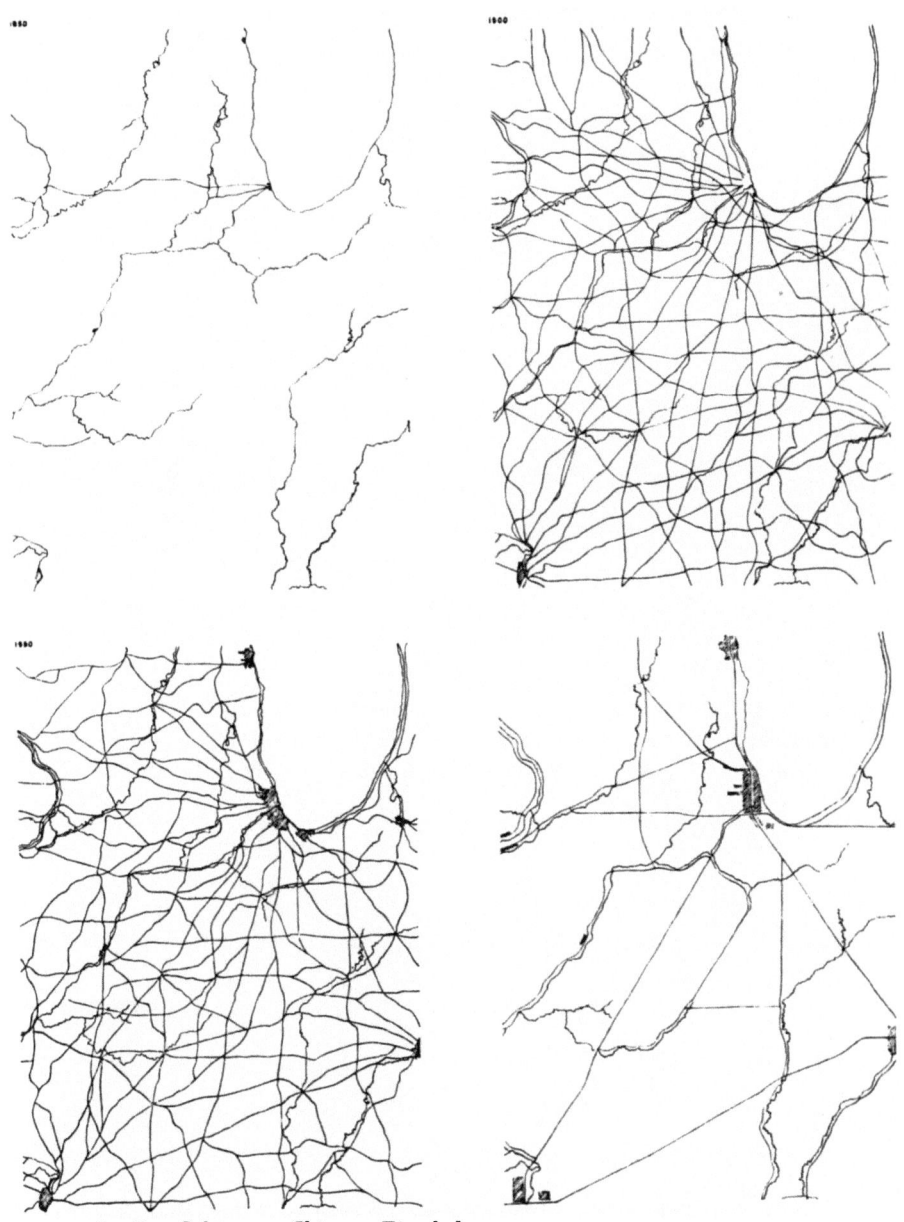

84. Das Gebiet um Chicago, Eisenbahnen.
1850 (links oben), 1900 (rechts oben), 1950 und neuer Vorschlag (rechts unten)

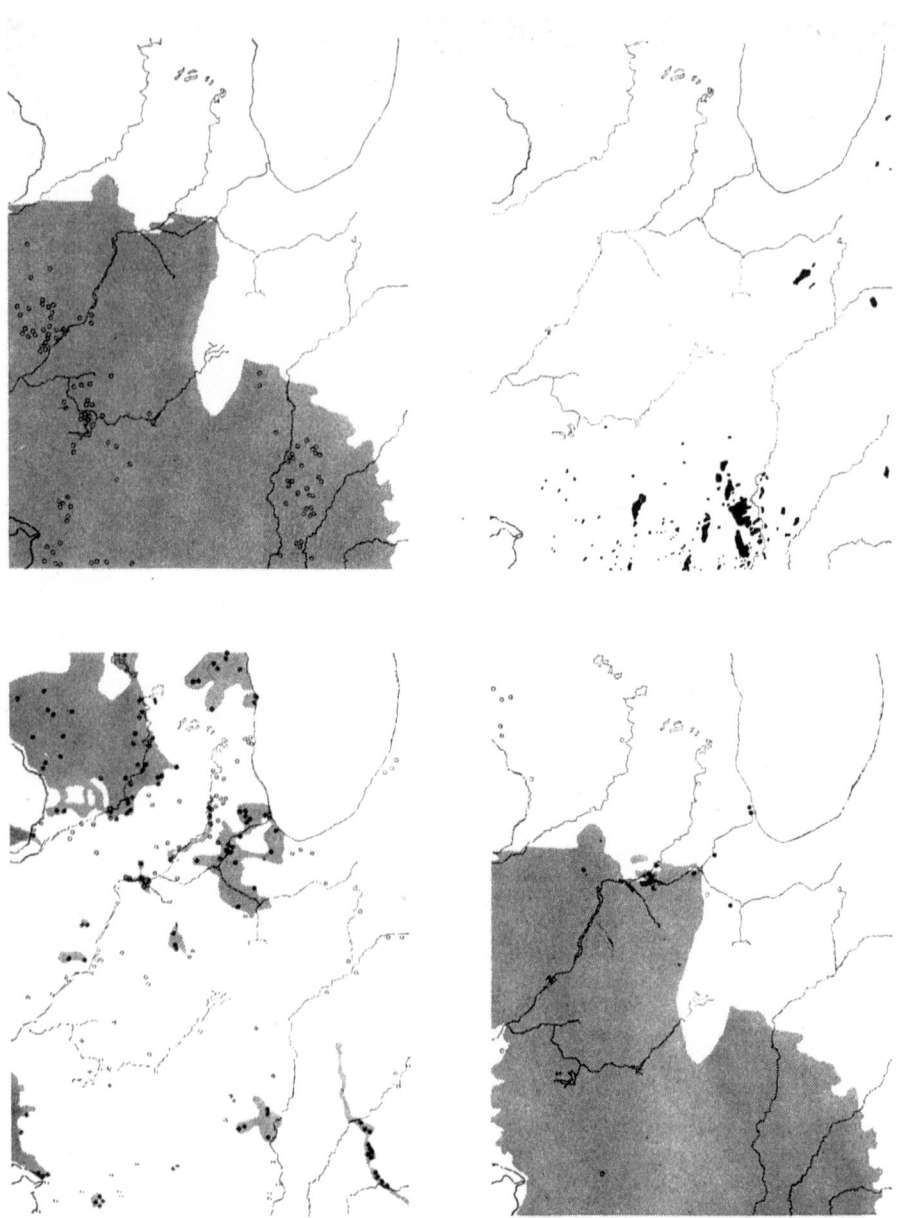

85. Das Gebiet um Chicago, Rohstoffvorkommen. Links oben: Kohle (Kreise = Gruben).
Rechts oben: Öl und Erdgas. Links unten: Steine und Erden (dunkle Flächen = Kalkstein).
Rechts unten: Chemierohstoffe (helle Flächen = Tone, dunkle Flächen = Kaoline)

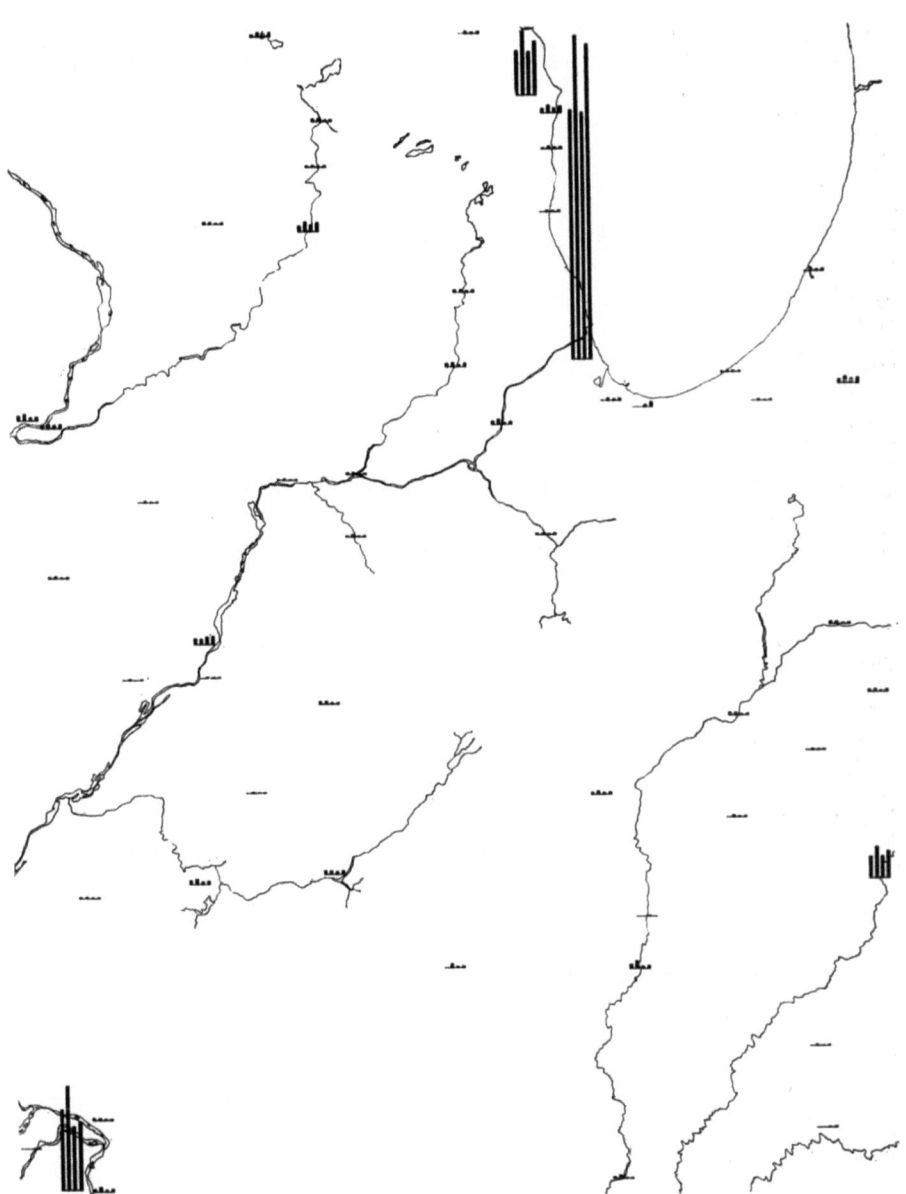

86. Das Gebiet um Chicago, Anzahl und Lage der industriellen Unternehmungen. Die jeweils vier Säulen gelten für die Jahre 1900, 1920, 1935 und 1950. 1 mm Säulenhöhe entspricht 250 Unternehmen

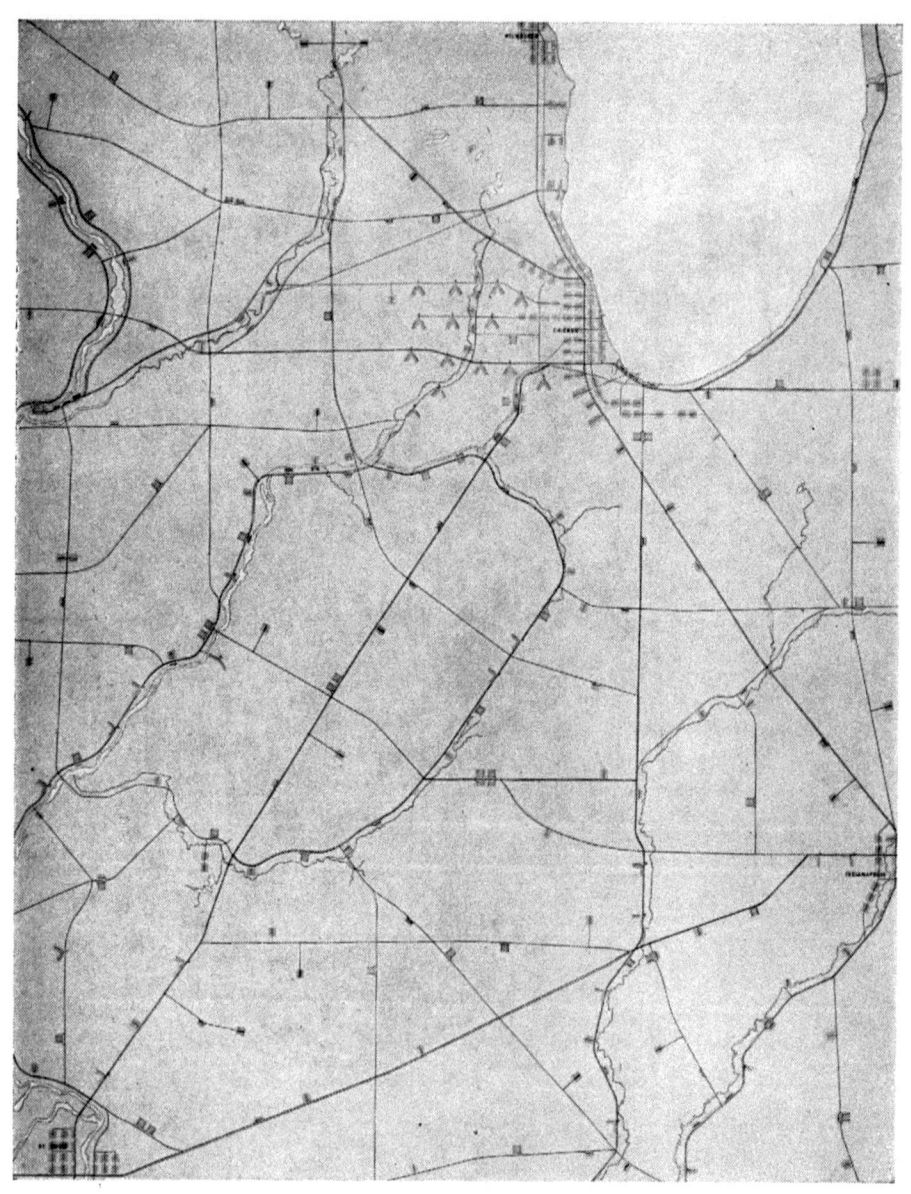

87. Das Gebiet um Chicago, Regionalplan. (15,5 mm = 1 Meile = 1,609 km)

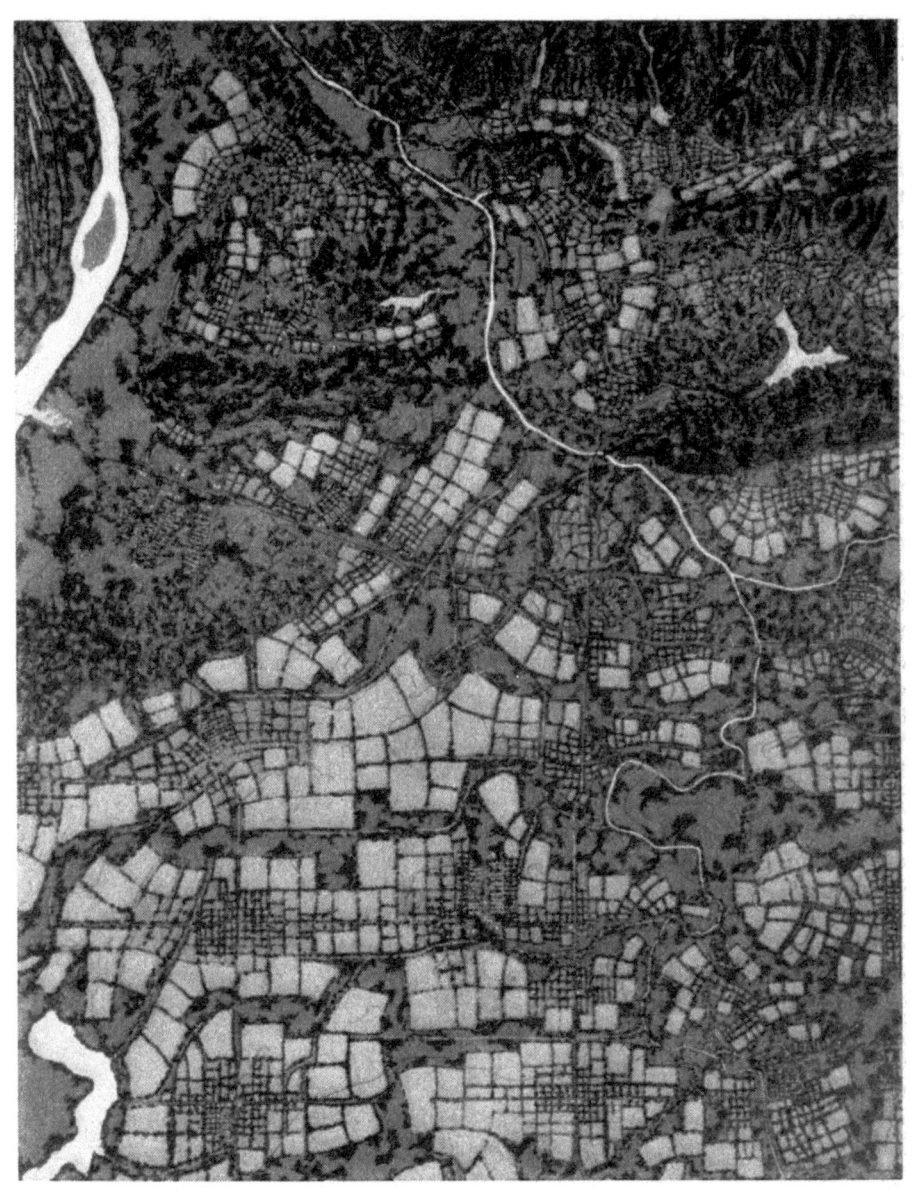

88. Das Gebiet um Chicago. Regionalplan, Detail

XXIV

Um zu zeigen, wie eine landwirtschaftliche Region entwickelt werden kann, lenken wir den Blick auf eine der hawaiischen Inseln, auf die Insel Maui. Da sie in der Fläche naturgemäß begrenzt ist, besitzt sie alle Vorteile und Nachteile bei der Nutzung des Bodens. Ursprünglich konnten sich die hawaiischen Inseln selbst erhalten. Landwirtschaftliche und industrielle Produkte ergänzten sich und waren in gutem Gleichgewicht. Heute wird hauptsächlich Zuckerrohr und Ananas für den Export produziert, die meisten Nahrungsmittel für die Inselbewohner müssen eingeführt werden.

Eine solche Spezialisierung der Produktion ist anfänglich gut, gerät aber bald in Konkurrenz mit anderen Ländern, die die gleichen Produkte herstellen. Was zu Beginn wünschenswert erscheint, kann plötzlich einen vernichtenden Einfluß auf ein solch begrenztes Gebiet haben: Die Preise des forcierten Produkts gehen herunter, während die Preise für die importierten Nahrungsmittel die gleichen bleiben. Das Resultat ist ein Defizit, das nicht leicht auszugleichen ist.

Die folgenden Vorschläge sollen zeigen, daß eine unausgeglichene Wirtschaft wieder gesunden kann, wenn mehr Land für die Nahrungsmittelproduktion zu eigenem Verbrauch bebaut wird. Das führt nicht nur zu einer Festigung der Wirtschaft, sondern auch zu einer Hebung der allgemeinen Lebensbedingungen.

Wie alle anderen hawaiischen Inseln wurde Maui durch vulkanische Ausbrüche geformt und, in geringerem Maße, durch riffbildende Korallen. Die Insel hat zwei Berge, einen kleineren von 2000 Metern und einen größeren, der 3500 Meter hoch ist. Diese Berge, mit dem Tal dazwischen, geben Maui die Form einer Acht. Die vorherrschenden Winde sind Passatwinde von Nordosten. Die Regenmenge ist am größten an der Nordost-Seite der Insel. Die mit Feuchtigkeit geladenen Passatwinde blasen gegen die Berge und erhöhen den Regenfall. Der Regenfall an den Hängen des kleineren Berges ist besonders heftig. Seine Klippen und Schluchten, die durch Regen und Wind geformt sind, verursachen Aufwinde, die die Niederschläge verstärken. Die ständig Wasser führenden Flüsse sind in der Hauptsache auf der Nord- oder Passatwind-Seite der Insel. Andere Flüsse haben nur während der Hauptregenzeit Wasser.

Eine auf Grund der Bodenanalyse angelegte Karte zeigt seine beste Nutzbarkeit. Ungefähr ein Siebentel der gesamten Fläche von Maui ist Ackerland. Der Rest ist Weideland, Wald und unfruchtbares Land. Zwei Drittel des Ackerlandes sind mit Zuckerrohr bepflanzt, fünf Sechstel des verbleibenden Drittels mit Ananas. Nur ein Zwanzigstel des Ackerlandes wird für die Ernährung der Inselbevölkerung genutzt.

Um eine ausreichende Nahrungsmittelproduktion zu sichern, sollte zu dem Teil des Bodens, der bereits in diesem Sinn genutzt wird, mindestens ein Fünftel des gesamten Ackerlandes hinzukommen. In unserem Plan wird vorgeschlagen, einen Teil des Bodens, der für verschiedenartige Bebauung bestimmt ist, den Landarbeitern zu überlassen. Jeder Familie sollten anderthalb Hektar zukommen, auf denen sie für den eigenen Bedarf pflanzen kann, und möglicherweise auch etwas darüber hinaus für diejenigen, die in den Städten leben. Diese kleinen Besitzungen wären bänderartig entlang der Verkehrswege einzurichten. Zwischen diesen Bändern liegen dann die Zucker- und Ananas-Pflanzungen, so daß die Arbeiter sie leicht erreichen können. Es gibt auch andere Möglichkeiten für die Standorte dieser kleinen Besitzungen. So wäre es zum Beispiel eine noch viel bessere Lösung, diese kleinen Besitzungen so dicht aneinanderzulegen, daß sie Gemeinden bilden, wie es das Planungsdetail zeigt. Denn solche Gemeinden könnten besser für Schulen und andere öffentliche Einrichtungen sorgen. Die Häuser der Arbeiter können auf ihrem eigenen Land gebaut werden, können aber ebenso gut auch kleine Dörfer bilden inmitten der kleinen Besitzungen. In diesem Fall würden die Zucker- und Ananas-Pflanzungen leicht erreichbar rings um diese Gemeinden liegen. Man kann auch kleine Industrien oder Werkstätten vorsehen, in denen das an Ort und Stelle gewonnene Rohmaterial für den eigenen Gebrauch verarbeitet wird.

Da die Fruchtbarkeit des Bodens, Mauis wichtigstes natürliches Existenzmittel, sich durch Pflanzkulturen immer der gleichen Art erschöpft, sollte man Wechselwirtschaft einführen. Eine verschiedenartige Bebauung und konsequente Fruchtfolge würden die Erschöpfung des Bodens verhüten und sollte daher zur Regel für die großen Besitzungen werden. Wer allerdings der Meinung ist, daß der Boden lediglich zur restlosen Ausnutzung da sei, wird einen solchen Vorschlag nicht willkommen heißen. »Nach uns die Sintflut« scheint auch heute noch immer der Grundsatz der Nutznießer zu sein. Die Ziele des Planers aber sind Erhaltung und Dauer.

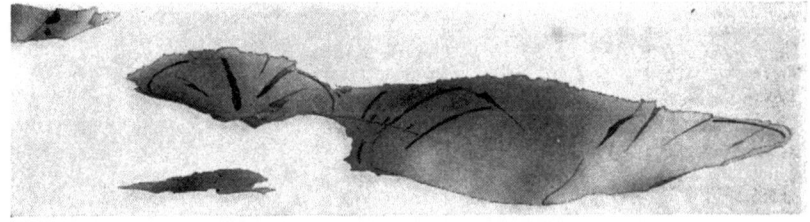

89. Maui, Hawaii. Vogelschau

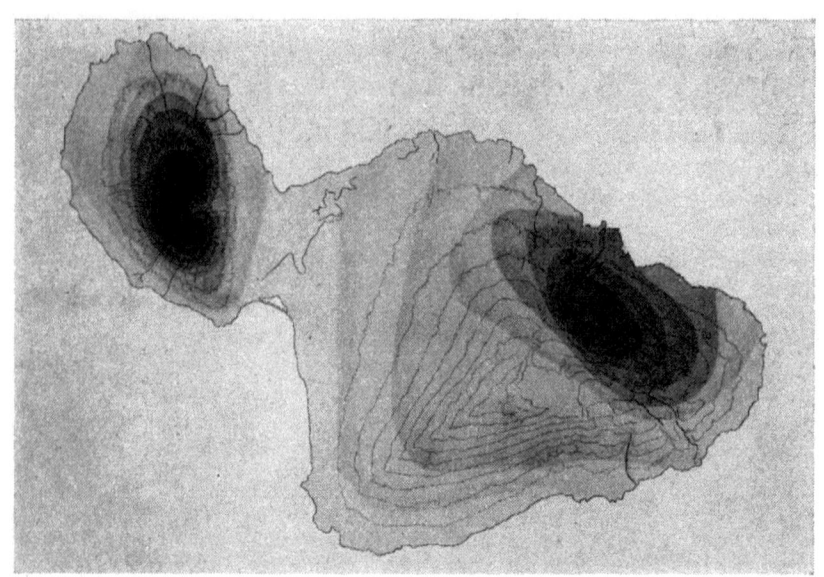

90. Maui, Hawaii. Topographie
(von Hell bis Dunkel: Erhebungen von 0 bis über 3000 m)

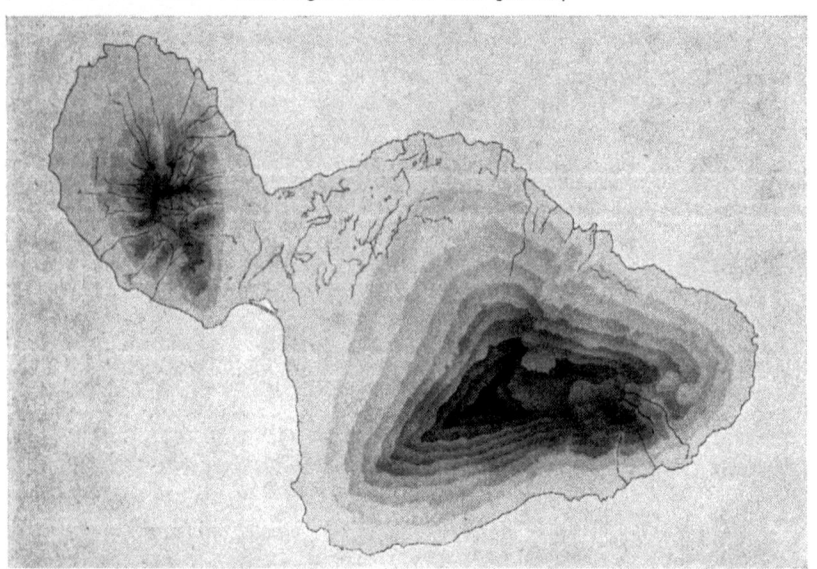

91. Maui, Hawaii. Regenkarte
(von Hell bis Dunkel: jährliche Regenmenge von 25 bis über 900 mm)

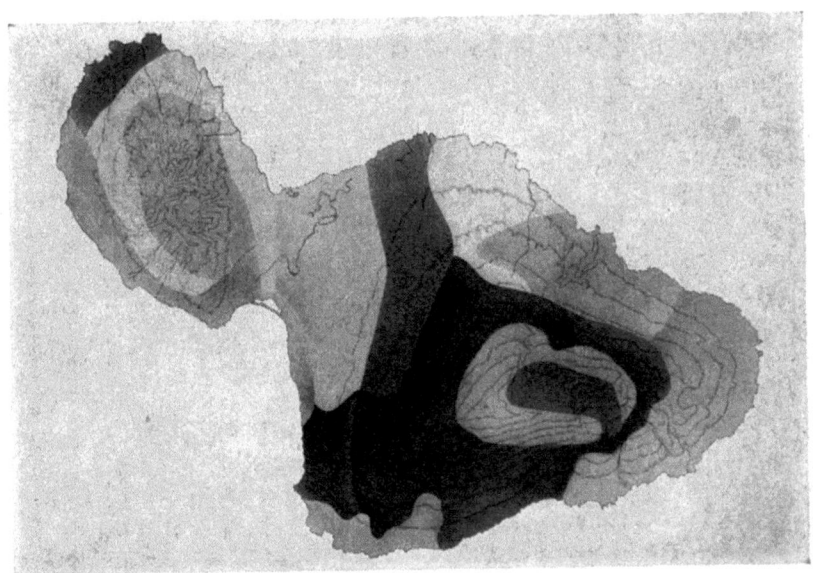

92. Maui, Hawaii. Bodenkarte (von Hell bis Dunkel: lateritische und alluviale Böden, aridsubhumide Böden, humide Böden und anstehende vulkanische Aschen)

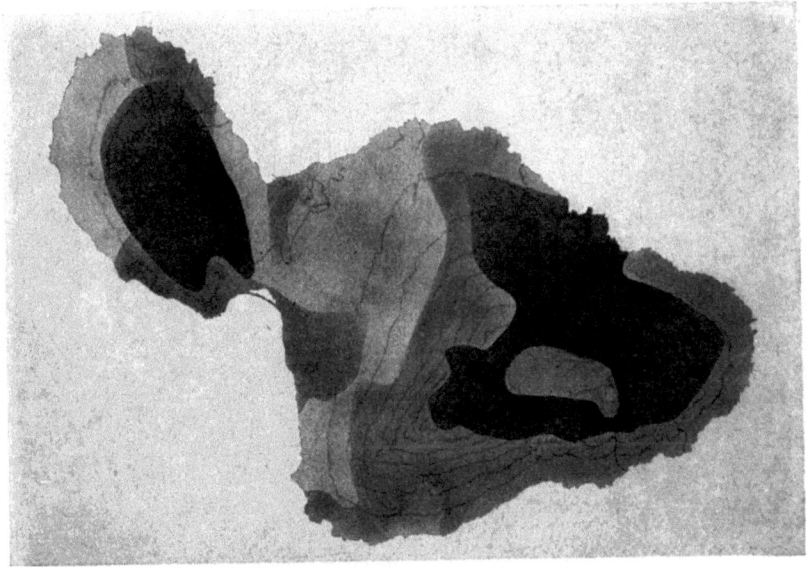

93. Maui, Hawaii. Bodennutzung
(von Hell bis Dunkel: Ackerland, Ödland, Grasland, Wald)

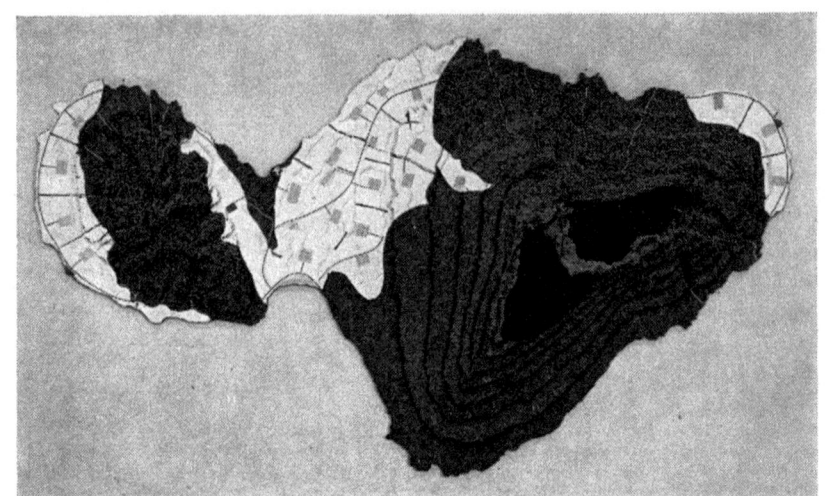

94. Maui, Hawaii. Neuplanung

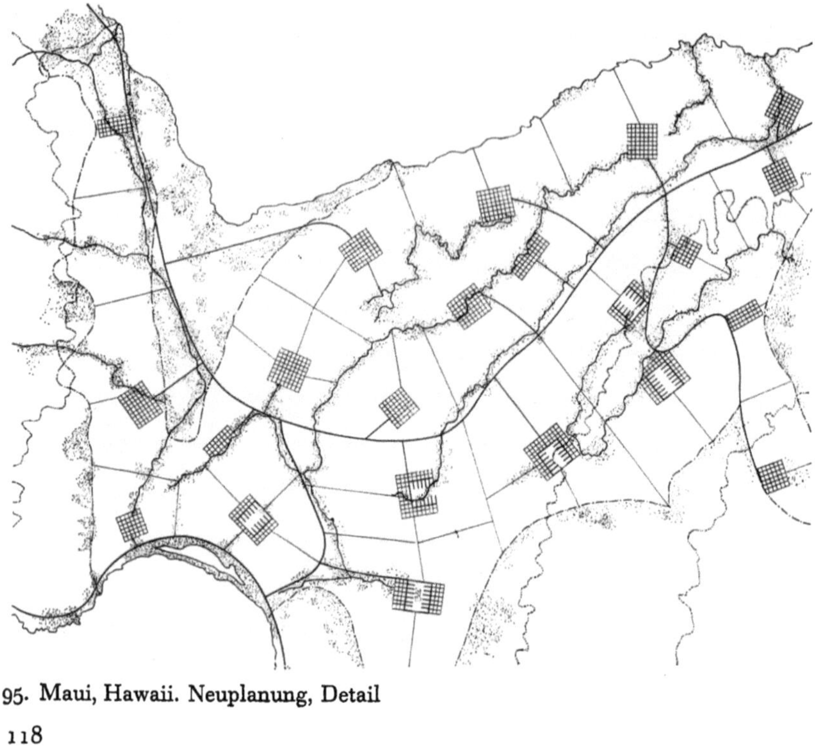

95. Maui, Hawaii. Neuplanung, Detail

Alle diese Studien und Pläne sind naturgemäß zweidimensional. Städte aber sind dreidimensional. Um eine Vorstellung davon zu geben, wie diese zweidimensionalen Pläne dreidimensional erscheinen können, stehen hier einige Projekte, deren erstes auf das Jahr 1912 zurückgeht. Sie sind also während eines halben Jahrhunderts entstanden. Bei den meisten dieser Projekte spielen mehr oder weniger Planungsprobleme hinein. Sie zeigen daher die Beziehung der Architektur zur Planung. In der Hauptsache befassen sie sich mit Gebäudegruppen und mit der räumlichen Beziehung verschiedener Gebäude zueinander.

96 Das früheste Projekt ist ein Theater. Es ist in seiner Auffassung noch klassisch, als Bau aber gleichzeitig Ausdruck seiner Funktion. Die Bühne, die Seitenbühnen, der Zuschauerraum und das Foyer davor sind in ihrer Besonderheit leicht erkennbar.

97 Beim nächsten Projekt für eine Flieger-Versuchs- und Lehranstalt ist wenig von dieser klassischen Auffassung übrig. Da dieser Entwurf in Übereinstimmung mit seinem Zweck entwickelt wurde, ist er realistischer. Diese realistische Auffassung der Architektur ist auch einer der Charakteristika aller folgenden Projekte.

98 Die Markthalle für Berlin besteht aus zwei Hallen, mit einem Hochhaus dazwischen.

99 Das Mietshaus-Projekt für Berlin-Tempelhof ist ein Versuch, die Einförmigkeit der üblichen langen Mietshausreihen zu durchbrechen. Der Hauptteil des Gebäudes ist von der Straße zurückgesetzt, die Flügel stehen im rechten Winkel dazu. Auf diese Weise wurden Höfe gebildet, um die herum die Wohnungen liegen. Diese Höfe sind gegen die Straße durch Läden geschlossen. Es gehört auch ein Bürohaus dazu; jedoch ist es fraglich, ob man Geschäftshäuser und Wohnhäuser kombinieren soll. Es ist besser, sie zu trennen.

100
101 In dem Wohnhaus-Projekt Hallesches Tor, Berlin, erscheint zum erstenmal der innere offene Raum, ein natürlicher Erholungsraum für die Umwohner, der von keiner Verkehrsstraße gekreuzt wird. An der Hauptstraße sind Läden und Bürohäuser. Das Hochhaus steht an der Achse einer der wichtigsten Straßen der Stadt.

102 Das Projekt für einen Berliner Zentralbahnhof basiert auf der Idee Martin Mächlers, die Fernverkehrslinien zusammenzufassen. Die Nord-Süd-Linien liegen unter Straßenniveau, die Ost-West-Linien darüber. Für die um den Bahnhof liegenden Gebäude existieren zwei verschiedene Versionen. Die erste zeigt ein Hochhaus in der Mitte oberhalb der Gleisanlagen. Bei der zweiten hier gezeigten Version ist diese Idee aufgegeben. Statt dessen überragen zwei Hochhäuser, eines an jeder Seite, niedrigere Bürohäuser.

Ein Bebauungsvorschlag für Kantstraße in Berlin enthält ein Hotel, Läden 103
und ein Garagengebäude. Die Wohnungen liegen um Höfe. Diese Anordnung entfernt sie aus der Straßenflucht und sieht gleichzeitig Spielplätze
für Kinder vor.
Die Stadt Zürich plante während der dreißiger Jahre eine nationale Aus- 104
stellung. Einige wenige Bauten dieser Ausstellung sollten über die Dauer 105
der Ausstellung hinaus nutzbar sein. Mein Projekt schlug als permanente
Bauten vor: eine Versammlungshalle, ein Theater, eine Konzerthalle und
ein Ausstellungshaus. Diese Baugruppe sollte später das Kulturzentrum der
Stadt bilden. Die Gebäude, zu denen auch ein Hotel und einige Bürohäuser
gehören, liegen im Park am Zürichsee. Dieser Park wird jedoch von Verkehrsstraßen zerschnitten. In meinem Plan sind diese Straßen herausgenommen; der Verkehr läuft nun hinter den neuen Gebäuden; der Park ist damit
frei von jeglichem Fahrverkehr. Leider kann der Park unter den gegebenen
Umständen nur durch Kreuzen der Verkehrsstraße erreicht werden. Der
Raum unter den Gebäuden wird als Autoabstellplatz genutzt.
Die Universität für Berlin wurde in einem bewaldeten Gebiet am westlichen 106
Ende der Stadt geplant, das von einer Hauptverkehrsstraße durchschnitten 107
ist. Nördlich dieser Straße, die zur Stadt führt, liegen die Abteilungen für
Geistes- und Naturwissenschaften, südlich von ihr die Medizinische Fakultät
mit ihren Hospitälern und die Technische Hochschule. Die Gebäude der
Fakultäten sind um Höfe angeordnet und miteinander durch überdeckte
Wege verbunden. Die Hochhäuser davor enthalten Wohnungen für Studenten. Während die Unterrichtsgebäude mehr oder weniger hinter den Bäumen verschwinden, akzentuieren die Hochhäuser bedeutungsvoll die Straßenansicht.
Die gleiche Offenheit in der Anordnung der einzelnen Gebäude dieser 108
Universität ist auch charakteristisch für den Entwurf eines Wohnkomplexes 109
für die Fakultätsmitglieder und Studenten des Illinois Institute of Technology in Chicago.
Der Kontrast zwischen hohen und niedrigen Gebäuden gibt auch diesem
Projekt Weiträumigkeit.
In dem Projekt für eine kleine Stadt in Wisconsin ist das Wohngebiet um 117
einen Teich herum angeordnet. Die Bebauung ist gemischt. Sie besteht aus 118
verschiedenen Typen von Einfamilienhäusern und Etagenhäusern, die in
einer Gruppe zusammengefaßt sind.
Die beiden Projekte Evergreen I und Evergreen II, von denen das erstere 110
das größere ist, wurden zusammen mit Alfred Caldwell für eine Wohnungs- 111
baugesellschaft in Chicago entwickelt. Die Idee war, eine Gemeinde von den 112
Erziehungsmöglichkeiten für Kinder her zu planen. Sie mußte eine be- 113
stimmte Größe haben, um neben Elementarschulen auch eine höhere Schule 114
möglich zu machen. Ebenso mußte diese Gemeinde ihren Bewohnern Ar- 115
beits- und Verdienstmöglichkeiten geben, um ihnen das Pendeln zur Stadt
zu ersparen.

Die drei letzten Projekte beschäftigen sich mit der Neugestaltung von Slumgebieten. Sie haben alle bestimmte Dinge gemeinsam: sie besitzen innere Weiträumigkeit, sind ohne Durchgangsverkehr und haben ein Erholungsgebiet, in dem die Schulen und Spielplätze liegen. Die Bebauung ist eine Mischbebauung mit verschiedenen Haustypen.

116 Das Projekt für State Street in South Chicago hat eine verhältnismäßig hohe Wohndichte. Es besteht aus zweigeschossigen Einfamilienhäusern, die in Reihen angeordnet sind, und aus fünf- und zehngeschossigen Miethäusern. Trotz der relativ hohen Dichte haben alle Einfamilienhäuser größere Gärten.

119 Die zwei folgenden Projekte, das Hyde Park-Projekt in Chicago und das Gratiot-Projekt in Detroit, wurden zusammen mit Mies van der Rohe gemacht. Das Hyde Park-Projekt erstreckt sich über ein verhältnismäßig großes Gebiet von ungefähr neun Quadratkilometern. Es sollte stufenweise neu bebaut werden. Unser Plan macht, obwohl er eine durchgreifende strukturelle Erneuerung des Gebiets vorsieht, eine stufenweise Neubebauung möglich. Der Plan des Gebiets zeigt das neue Straßensystem über dem vorhandenen. Um den Durchgangsverkehr zu drosseln, wurden Straßen entfernt oder geschlossen. Es verbleiben nur fünf Durchgangsstraßen, die zu den beiden Hauptverkehrsstraßen im Osten und Westen führen, während die Hauptverkehrsstraße, die den See entlang führt, nur an zwei Punkten zugänglich ist. Um Raum für das künftige Erholungsgebiet zu schaffen, wurden einige alte Blocks ganz weggenommen. Hier liegen die Schulen, die die Kinder ungefährdet erreichen können.

120
121 Das Gratiot-Projekt für Detroit ist kleiner als das Hyde Park-Projekt; nichtsdestoweniger wurde dieselbe Methode der Planung angewendet. Straßen wurden geschlossen, andere herausgenommen, desgleichen Blocks, um Raum für den inneren Park mit den Schulen zu schaffen. Die Idee einer solchen Planung stieß zuerst auf Widerstand, der nur allmählich überwunden werden konnte.
Schließlich wurde der Plan von der Stadt akzeptiert und auch von den interessierten Gruppen angenommen. Das Projekt wird zur Zeit gebaut.
Die Bebauung ist wieder eine Mischbebauung. Sie besteht aus eingeschossigen Hofhäusern, zweigeschossigen Reihenhäusern und aus Hochhäusern. Die letzteren sind in großen Abständen voneinander angeordnet, wie der Blick über das Stadtgebiet zeigt.
Die großen Vorteile, die eine solche Mischbebauung bietet, werden deutlich gemacht, wenn man das Gratiot-Projekt mit einer anderen Siedlungsanlage vergleicht, die auf derselben Stadtansicht zu sehen ist links oben. Hier sind die niedrigen Reihenhäuser von den Hochhäusern getrennt. Die Hochhäuser sind daher zu nahe aneinandergerückt.
Bei dem Gratiot-Projekt dagegen sind die Hochhäuser in großen Abständen voneinander angeordnet. Dadurch entsteht Weiträumigkeit, ein Charakteristikum der Mischbebauung.

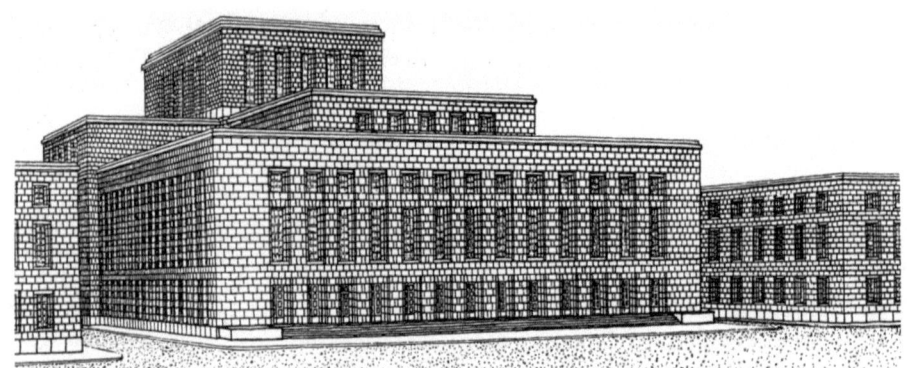

96. Theater

97. Flieger-Versuchs- und -Lehranstalt, Detail

98. Mietshaus-Projekt, Berlin-Tempelhof

99. Markthalle Berlin

100. Projekt Hallesches Tor, Berlin. Isometrie

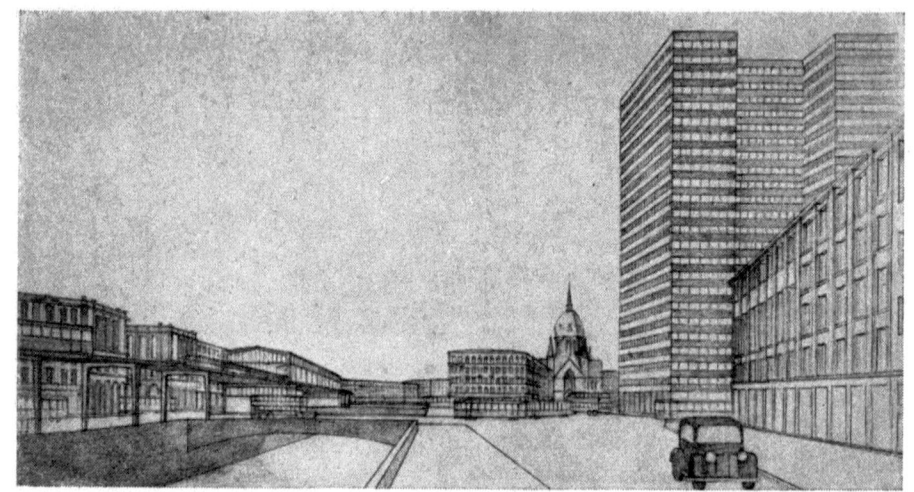

101. Projekt Hallesches Tor, Berlin. Straßenansicht

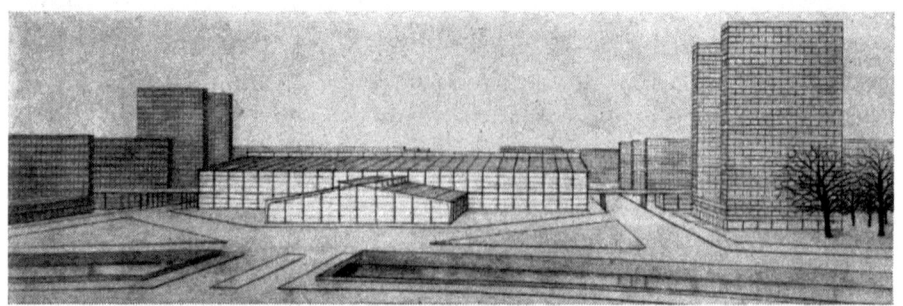

102. Zentralbahnhof Berlin

103. Mietshausprojekt Kantstraße, Berlin

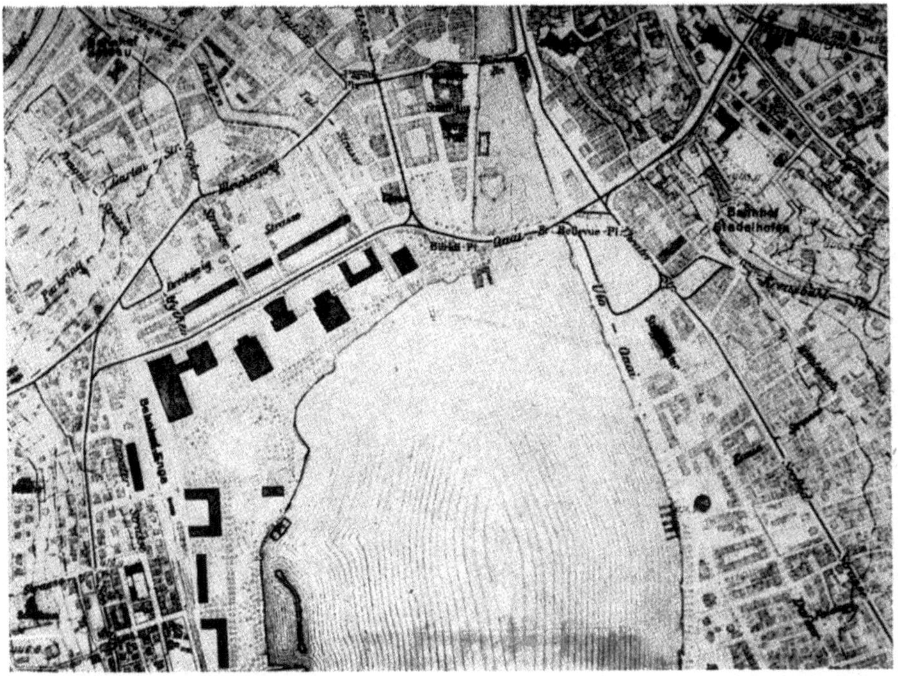

104. Seeuferbebauung, Zürich. Plan

105. Seeuferbebauung, Zürich. Blick vom See

106. Universität Berlin. Straßenblick

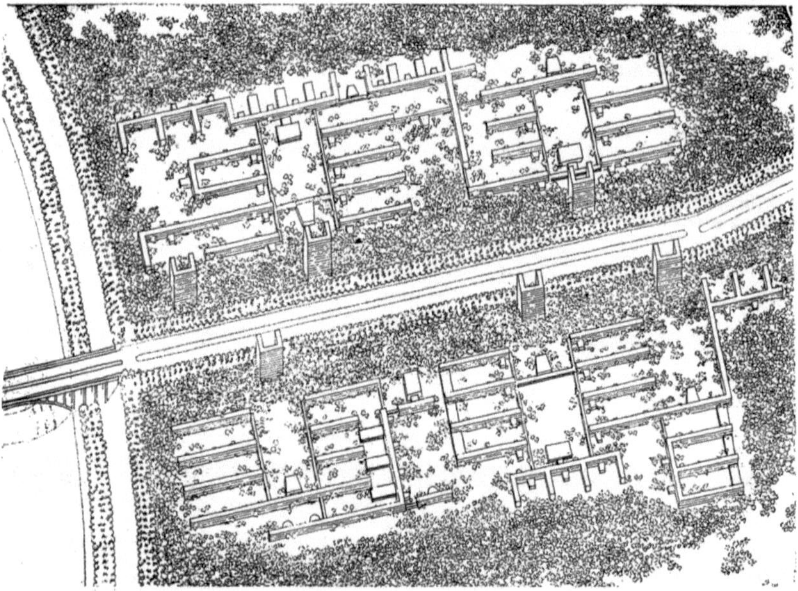

107. Universität Berlin. Isometrischer Plan

108. Illinois Institute of Technology, Chicago. Projekt für Fakultätsmitglieder und Studenten

109. Illinois Institute of Technology, Chicago. Projekt für Fakultätsmitglieder und Studenten

113. Projekt Evergreen II, Chicago. Hausgrundrisse

114. Projekt Evergreen II, Chicago. L-förmige Häuser

115. Projekt Evergreen II, Chicago. Haus, Perspektive

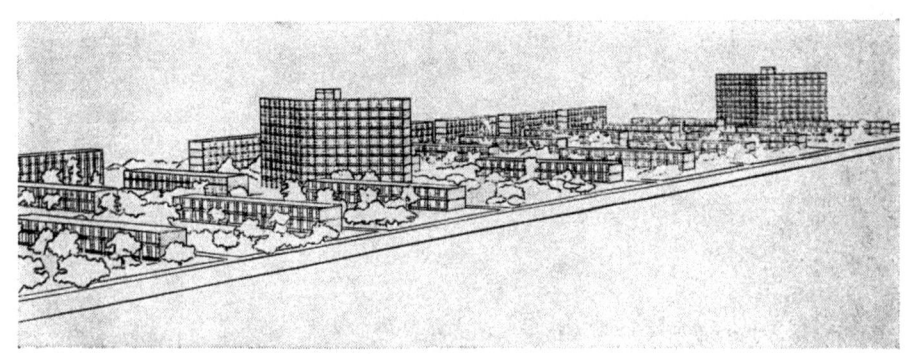

116. Projekt State Street, Chicago

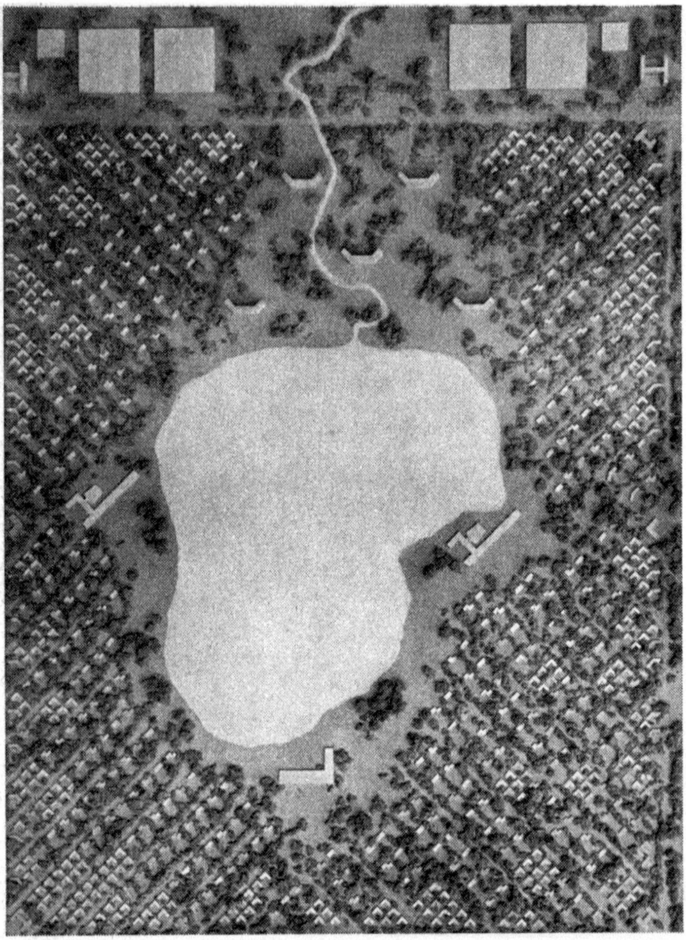

117. Kleine Stadt in Wisconsin. Planmodell

118. Kleine Stadt in Wisconsin. Blick über die Anlage

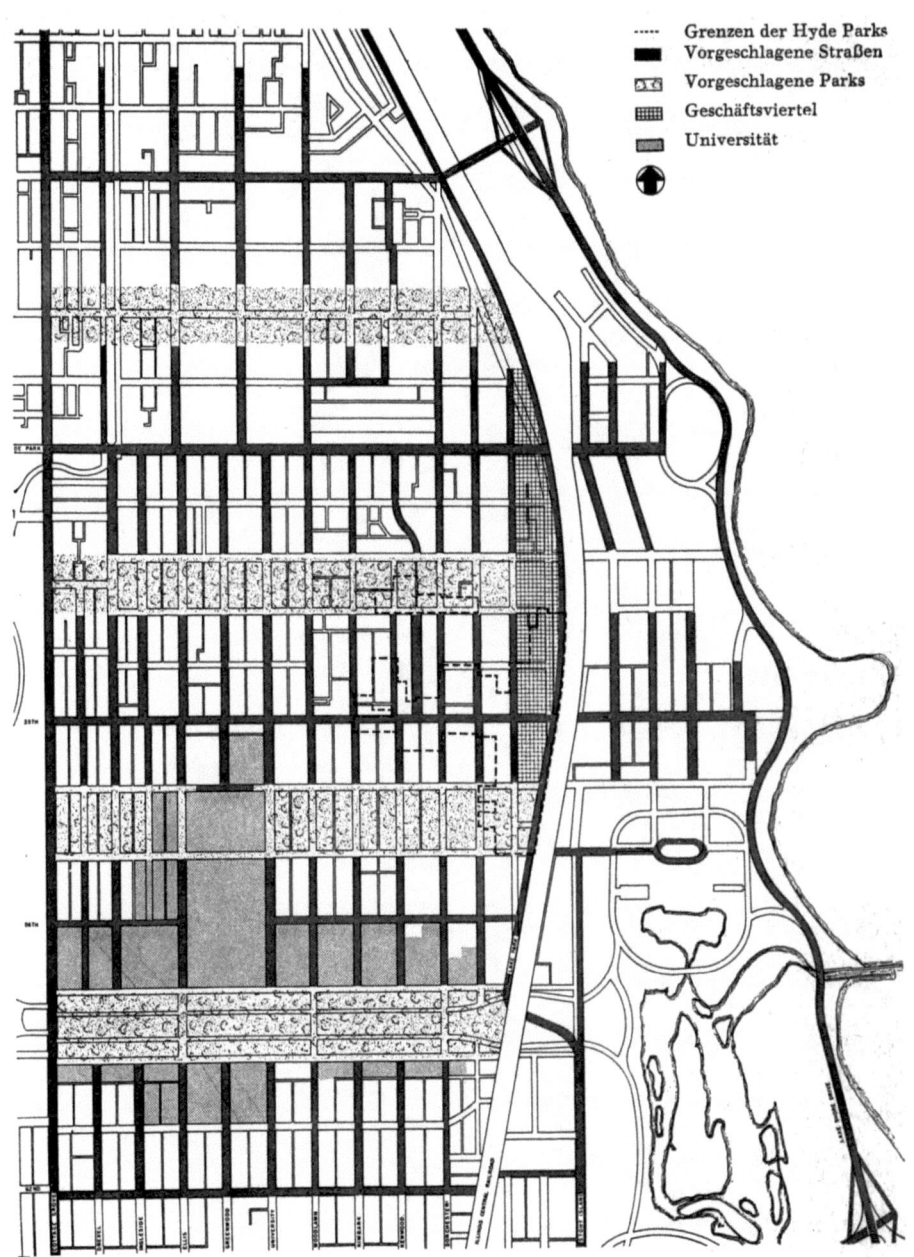

119. Hyde-Park-Projekt, Chicago

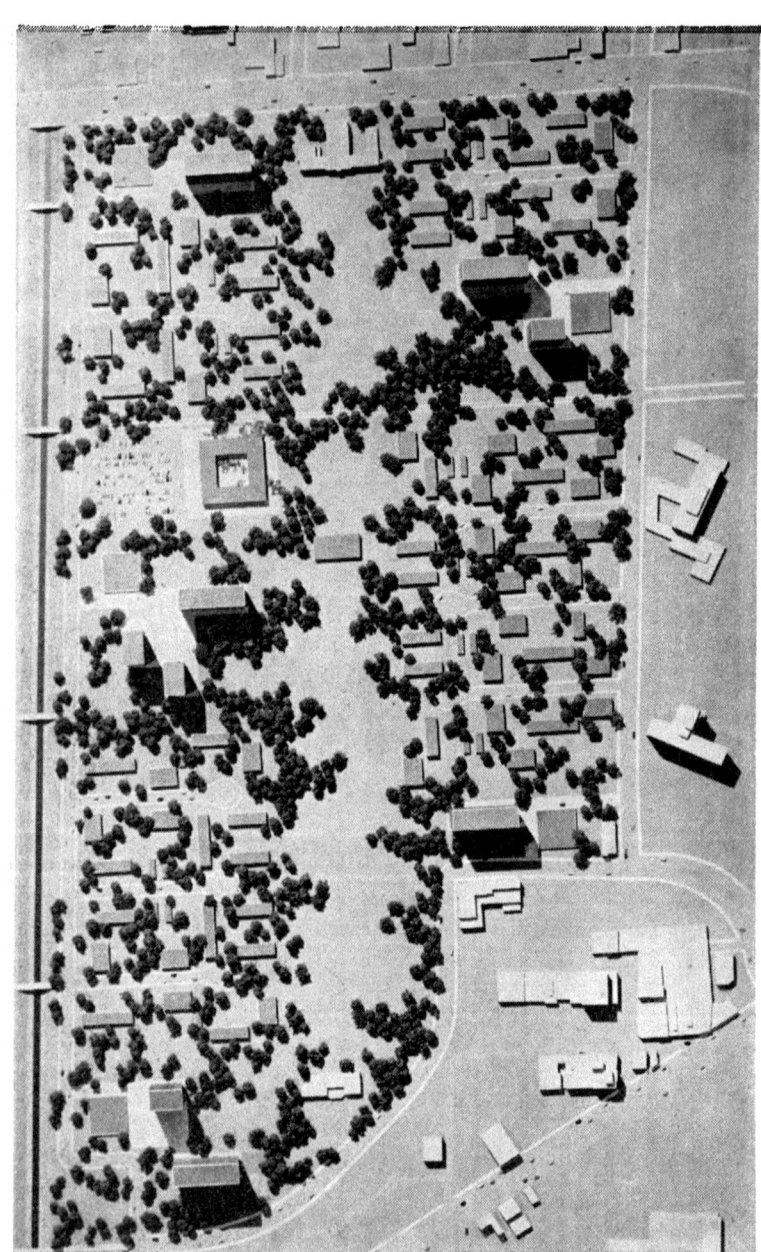
120. Gratiot-Projekt, Detroit. Planmodell

XXVI

Die größte Errungenschaft unserer Zeit ist die hochentwickelte Spezialisierung. Ihre negative Begleiterscheinung ist jedoch unsere ständig wachsende Unfähigkeit, das Ganze wahrzunehmen, die Gesamtheit der spezialisierten Teile. Wir sehen nicht mehr den Wald vor Bäumen, die Stadt nicht vor Häusern. Diese Unfähigkeit, das Ganze zu sehen, führt zu Verwirrung. Hier liegt die Hauptursache unserer gegenwärtigen Schwierigkeiten.
Wir müssen lernen, das Verwickelte einfach, sogar naiv anzusehen. Wir müssen das Chaos entwirren und wieder grundlegende theoretische Prinzipien finden, von denen her allgemeine Ideen entwickelt und Planungs-

121. Gratiot-Projekt, Detroit. Blick vom Fluß über die Stadt

prinzipien abgeleitet werden können. Heute haben wir keine Planungsprinzipien und damit keine Richtlinien für die Lösung unserer Planungsprobleme. In der vorangehenden Diskussion wurde der Versucht unternommen, die drei Gebiete, die charakteristisch für jede Stadt sind, die Gebiete der Arbeit — für Industrie, Handel und Verwaltung — und die des Wohnens und der Erholung, zu analysieren. Dann habe ich mir die Frage vorgelegt, ob nicht von diesen »Objekten« bestimmte Regeln abgeleitet werden können, die ihren Aufbau bestimmen. Es folgten einfache Fragen, mit deren positiver Beantwortung nur wenige nicht einverstanden sein werden. — Fragen wie diese: Soll das Wohngebiet nicht frei von jedem Durchganggsverkehr sein? Sollen Kinder nicht zur Schule gehen können, ohne eine Straße kreuzen zu müssen? Sollen nicht die drei Hauptgebiete der Stadt so zueinander geordnet werden, daß keines auf das andere einen nachteiligen Einfluß ausübt? Können diese Gebiete nicht so bemessen werden, daß jedes von jedem im Fußgängerverkehr zu erreichen ist und zugleich eine ungehinderte Erweiterung möglich bleibt? Kann nicht das scheinbar unlösbare Verkehrsproblem dadurch gelöst werden, daß man den Fahrverkehr soweit wie möglich unnötig macht? Kann nicht ein Straßensystem entwickelt werden, das sowohl den Anforderungen des Fußgängers wie auch denen der Autos entspricht und das Sicherheit mit Leistungsfähigkeit verbindet?

Die Beantwortung dieser Fragen öffnete den Weg zu der Idee einer neuen Stadtstruktur. Diese Struktur basiert auf einer Planungstheorie, auf der Festlegung von Planungsprinzipien und Planungsmethoden, die es möglich machen, nicht nur neue Anlagen zu planen, sondern auch die alten Städte strukturell so umzuformen, daß sie wiederum zu einem gut funktionierenden Organismus werden.

Es scheint selbstverständlich, daß unser Planen ohne gewisse Prinzipien, ohne theoretische Betrachtungen zu keinem wesentlichen Resultat führen kann. Die meisten praktischen Planer wehren sich jedoch gegen Theorien und Prinzipien. Sie nennen ihre Haltung »realistisch« und sind schnell bereit, jeden als verstiegenen Idealisten und Utopisten zu verdammen, der solche Theorien und Prinzipien sucht, um zu einer umfassenden Lösung der städtebaulichen Probleme zu kommen. »Niemand kann sich«, schrieb Kant, »für praktisch bewandert in einer Wissenschaft ausgeben und doch die Theorie verachten, ohne sich bloßzugeben, daß er in seinem Fach ein Ignorant sei; indem er glaubt, durch Herumtappen in Versuchen und Erfahrungen, ohne sich gewisse Prinzipien zu sammeln und ohne sich ein Ganzes über sein Geschäft gedacht zu haben, weiterkommen zu können, als ihn die Theorie zu bringen vermag.«

Biographie

Auf die Abbildungen in diesem Band ist in eckigen Klammern hingewiesen

1885	Geboren in Karlsruhe.
1912	Theater *[96]*, die früheste der in diesem Band abgebildeten Arbeiten aus einem halben Jahrhundert.
1916—18	Mitarbeiter und später Leiter eines Büros in Berlin, das sich mit der Planung einer Flieger-Versuchs- und -Lehranstalt *[97]* beschäftigte.
1919	Mitglied der Novembergruppe.
1919—24	Erste städtebauliche Arbeiten *[3—9]*.
1925	»Großstadtbauten«, Apos Verlag Hannover.
	Ausstellung der frühen Arbeiten im »Sturm«.
1926	Rheinlandhaus in Berlin.
1927	Projekt Hallesches Tor Berlin *[100, 101]*.
	Projekt Zentralbahnhof Berlin *[102]*.
	Wohnhaus in der Weißenhofsiedlung Stuttgart.
	»Internationale Neue Baukunst«, Jul. Hoffmann Verlag Stuttgart.
	»Großstadtarchitektur«, Jul. Hoffmann Verlag Stuttgart.
	Mitglied des »Zehnerringes« Berlin.
1928	Berufung als Meister für Siedlungswesen und Städtebau an das Staatl. Bauhaus Dessau.
1929	Wohnhaus in Berlin-Dahlem.
	»Beton als Gestalter«, Jul. Hoffmann Verlag Stuttgart.
	Werkbund-Ausstellung, Triennale Monza.
1929—31	Intensive Siedlungsstudien *[10—26]*.
1930	»Hallenbauten«, in »Handbuch der Architektur«, Gerlach Verlag Leipzig.
	Mietshausblock Berlin-Adlershof.
1931	Ausstellung »Die Wohnung« Berlin. Zwei Wohnungen mit Möblierung.
	Vorstandsmitglied des Deutschen Werkbundes.
1931—34	Zweite Gruppe städtebaulicher Arbeiten *[27—35]*.
1932	Planung für Dessau *[38, 39]*.
1933	Planung für die dezentralisierte Großstadt *[36, 37]*.
1935	Planung für die Seeufer-Bebauung Zürich *[104, 105]*.
1936	Haus am Rupenhorn Berlin.
	Haus am Fichteberg Berlin.
	Projekt für die Universität Berlin.
1937	Mietshaus-Projekt Kantstraße Berlin.
	Mietshaus-Projekt Emser Straße Berlin.
1938	Berufung als Professor für Stadt- und Regionalplanung an das Illinois Institute of Technology Chicago/USA.
1939	Planung für eine kleine Stadt in Wisconsin *[117, 118]*.

1939—45	Dritte Gruppe städtebaulicher Studien. Neuplanung der Stadt von außen *[42—47]*. Planung für Montreal/Canada *[54]*.
1944	Städtebauliche Ausstellung im Arts Institute Chicago. »The New City«, Paul Theobald Verlag Chicago. Projekt für Apartmenthäuser, Dormitorien und Verbindungshäuser für das Illinois Institute of Technology Chicago *[108, 109]*.
1845	Projekt Evergreen I Chicago *[110]*.
1945—49	Verschiedene städtebauliche Studien *[47—53]*.
1947	Projekt Evergreen II Chicago *[111—115]*. Regionalplan für Maui/Hawai *[88—94]*.
1949	»The New Regional Pattern«, Paul Theobald Verlag Chicago.
1950	Vierte Gruppe städtebaulicher Studien. Neuplanung, beginnend im Inneren der Stadt *[55, 56]*. Der Chicago-Plan *[57—72]*.
1955	Gratiot-Projekt Detroit *[120, 121]*. Direktor des neugegründeten Departments of City and Regional Planning am Illinois Institute of Technology Chicago. »The Nature of Cities«, Paul Theobald Verlag Chicago.
1956	Hydepark-Projekt Chicago *[119]*.
1957	Plan für Seattle *[74—76]*.
1958	State Street Projekt Chicago *[116]*. »Planung in USA« — Ausstellung für die amerikanische Botschaft in Paris.
1961	Chicago Area Regionalplan *[81—88]*.
1962	Doktor of Laws honoris causa.
1962—63	Chicago Plan (Skizze) *[77—80]*.
1963	Außerordentliches Mitglied der Akademie der Künste Berlin. Doktor-Ingenieur Ehren halber der Technischen Universität Berlin. »Contemporary Architecture — Its Roots and Trends«, Paul Theobald Verlag Chicago. »Entfaltung einer Planungsidee«, Ullstein Verlag Berlin-Frankfurt/M-Wien.

Register
Die Seitenangaben der Bilder sind in Kursivschrift wiedergegeben

Berlin, Geschäftsgebiet 20, *23*
—, Kantstraße, Bebauung 120, *124*
—, Markthalle 119, *123*
—, Mietshaus-Projekt Tempelhof 119, *122*
—, Universität 120, *126*
—, Wohnhaus-Projekt Hallesches Tor 119, *123*, *124*
—, Zentralbahnhof 119, *124*
Bevölkerungsdichte 13, 22, 26, *32*, *33*, *34*, *35*
Caldwell, Alfred 120
Chicago, Aufteilung in Gemeinden 56, 57
—, Geschäftsgebiet 20
—, Hyde-Park-Projekt 121, *133*
—, Illinois Institute of Technology 120, *127*
—, Marquette-Park 71, *73*
—, Neuplanung 53, *54*, *55*
—, Planperspektive 60, *91*
—, Projekte Evergreen I und II 120, *128*, *129*, *130*, *131*
—, State-Street-Projekt 121, *131*
—, Umbau von innen heraus 71, *73*, *74*, *76*, *77*, *78*, *79*, *80*, *81*, *82*, *84*, *85*, *86*, *87*, *88*, *89*, *90*, *91*
—, Verkehrsproblem 94, *96*, *98*
Cincinnati 65, 66
Citybebauung 17, *18*, 20
Dessau 48, *50*, *51*, *122*
Detroit, Gratiot-Projekt 121, *134*, *135*
Dezentralisierung 8, 24, 44, *52*, *62*, 65, 101
Einfamilienhäuser 30, *36*, *131*
Erholungsgebiet 10, 39, 92, 97
Evergreen I 120, *128*
Evergreen II 120, *128*, *129*, *130*, *131*
Fächerförmige Gemeinden 42, 43, 59
Flieger-Versuchs- und -Lehranstalt 12, 119, *122*
Ford, Henry 105
Friedrich, Peter 38
Gemeinde 16, 38, 42, 48, *56*, 65, 74, *84*, *85*, 95
Geschäftsgebiet 16, 47, *52*, *86*, *99*
Gratiot-Projekt 121, *134*, *135*
Grundrisse 14, *15*, *31*, *33*, 42, *88*, *89*, *90*, *130*
Hallesches Tor, Wohnhausprojekt 119, *123*, *124*
Hochhäuser 16, *17*, *86*, *99*
Hochhausstadt 21, *23*
Hooker, G. E. 104
Kropotkin, Peter 25, 105
Kurcula 38
L-förmige Häuser 27, *36*

Louisville 65, 66
Luftverunreinigende Industrie 10, 42, 43, *45*, *46*, *47*
Mächler, Martin 49
Maui 114, *115*, *116*, *117*, *118*
Mies van der Rohe, Ludwig 121
Mischbebauung 24, *25*, *30*, *34*, *35*, *37*, *39*, *94*, 121
Montreal 44, 68, *69*
New York 38
Orientierung der Häuser 14, 25, 27, *31*, 39
Philadelphia 8, *9*
Planungselemente 11, 65
Planungsmethoden 71, 75, *136*
Planungstheorie 71, 135, *136*
Radburn 38
Raumdurchsonnung 26, *28*, *29*, *30*
Region 97
Region Chicago 102, *106*, *107*, *108*, *109*, *110*
Regionalplanung von Chicago 100, *112*, *113*
Regionalplanung von Maui 114, *118*
Reihenhäuser 25
Schwab, Alexander 49
Schulen 39, 42
Seattle 92, *93*
Selinunt 38
Siedlung am Fluß 59, *63*, *72*
Siedlungsdichte 13, 22, 26, *32*, *33*, *34*, *35*
Siedlungseinheit 38, *40*, *41*
Sierks, Hans Ludwig 38
Slums 53, 67, 74, 101, 121
Stadtaggregate 43, 49, *57*, *58*, *61*
Stadt um eine Meeresbucht 59, *64*
Stein, Clarence 38
Straßensystem 11, 13, 21, 38, 74
Theater 119, *122*
Umbau der Städte 67, 68, 70, 74
Unwin, Raymond 38
Verkehrsproblem 11, 16, 22, 70, 74, *91*, 94
Versailles 7, *9*
Vorort 14, *15*, 92, 95
Washington 64, 66
Windverhältnisse 43, *45*, *46*, *47*
Wisconsin 39, 120, *132*
Wohndichte 13, 22, 26, *32*, *33*, *34*, *35*
Wohngebiet 10, 13, *98*
Wright, Frank Lloyd 38
Wright, Henry 38
Zürich 120, *125*

Bei Fragen zur Produktsicherheit wenden Sie sich bitte an:
If you have any questions regarding product safety,
please contact:

Birkhäuser Verlag GmbH
Im Westfeld 8
4055 Basel, Schweiz
productsafety@degruyterbrill.com